MARLON POSSARD

BUCHHALTUNG VON A-Z

FACHLEXIKON FÜR STUDIUM, REIFEPRÜFUNG UND AUSBILDUNG

AKTUELL | UMFASSEND | ERFOLGSORIENTIERT

7., ÜBERARBEITETE UND AKTUALISIERTE AUFLAGE

„Welche Vorteile gewährt die doppelte Buchhaltung dem Kaufmanne! Es ist eine der schönsten Erfindungen des menschlichen Geistes, und ein jeder gute Haushalt sollte sie in seiner Wirtschaft einführen."

Johann Wolfgang von Goethe

(1749-1832)

„Von der Hieroglyphe bis zum Bildschirm war die Buchhaltung für die Informationsverarbeitung grundlegend."

Heinz Zemanek

(1920-2014)

„Sorgfältige Buchführung ist für jede Organisation eine conditio sine qua non. Ohne ordentliche Buchführung ist es unmöglich, die Wahrheit in ihrer ursprünglicheren Reinheit aufrechtzuerhalten."

Mahatma Gandhi

(1869-1948)

<u>**Zitiervorschlag:**</u>

Possard, M. (2025): *Buchhaltung von A-Z. Fachlexikon für Studium, Reifeprüfung und Ausbildung.* (7., überarbeitete und aktualisierte Auflage). Norderstedt: BoD Verlag

<u>**Danksagung:**</u>

Herrn *Matthias Plank*, MSc, bin ich für die wissenschaftliche Mitarbeit an diesem Werk zu großem Dank verpflichtet. Ein herzliches Danke ergeht auch an Frau *Sophia Kirchner* für das Lektorat. Wissenschaft lebt von gemeinsamer Forschung und Zusammenarbeit.

IN

VERITATE

LIBERTAS

<u>Bibliografische Information der Deutschen Nationalbibliothek:</u>

Die Deutsche Nationalbibliothek verzeichnet diese Publikation in der Deutschen Nationalbibliografie; detaillierte bibliografische Informationen sind unter <u>http://dnb.dnb.de</u> abrufbar.

© 2025 | <u>Autor:</u> Marlon Possard | <u>ISBN:</u> 978-3-7597-7962-5

7., überarbeitete und aktualisierte Auflage

<u>Verlag:</u>

BoD . Books on Demand GmbH

In de Tarpen 42, 22848 Norderstedt

<u>Druck:</u>

Libri Plureos GmbH

Friedensallee 273, 22763 Hamburg

ABKÜRZUNGSVERZEICHNIS

Abs.	Absatz
AbgÄG	Abgabenänderungsgesetz
BAO	Bundesabgabenordnung
BWG	Bankwesengesetz
COFAG	COVID-19-Finanzierungsagentur des Bundes
COVID-19	Coronavirus Disease 2019
d.h.	das heißt
EBK	Eröffnungsbilanzkonto
EStR	Einkommensteuerrichtlinie
EStG	Einkommensteuergesetz
et alii	und andere
etc.	et cetera („und die übrigen Dinge")
EU	Europäische Union
EuGH	Europäischer Gerichtshof
EVI	Elektronische Verlautbarungs- und Informationsplattform
ff.	fortfolgend, auf den nächsten Seiten
FinStrG	Finanzstrafgesetz

FlexKapGG	Flexible-Kapitalgesellschafts-Gesetz
gem.	gemäß
ggf.	gegebenenfalls
GesRÄG	Gesellschaftsrechts-Änderungsgesetz
GoB	Grundsätze ordnungsmäßiger Buchführung und Bilanzierung
GuV	Gewinn- und Verlustrechnung
IESG	Insolvenz-Entgeltsicherungsgesetz
iSd	im Sinne der
iVm	in Verbindung mit
max.	maximal
RLG	Rechnungslegungsgesetz
S.	Seite
SBK	Schlussbilanzkonto
sog.	sogenannte
UGB	Unternehmensgesetzbuch
UStG	Umsatzsteuergesetz
USt.	Umsatzsteuer
usw.	und so weiter
UVA	Umsatzsteuervoranmeldung

uvm.	und vieles mehr
VAT	Valued Added Tax
Vgl.	Vergleiche
ViDA	VAT in the Digital Age
VSt.	Vorsteuer
Z.	Ziffer
z. B.	zum Beispiel

INHALTSVERZEICHNIS

A

VON

« ABFERTIGUNG »

BIS

« AUSZAHLUNG »

Abfertigung

Beitragsorientiertes System, bei dem laufende Beitragszahlungen in Höhe von 1,53 Prozent des monatlichen Entgeltes der Mitarbeiter vom Dienstgeber/der Dienstgeberin an eine betriebliche Vorsorgekasse geleistet werden. Der Abfertigungsanspruch wächst somit kontinuierlich im Rahmen eines Kapitaldeckungsverfahrens an.[1]

Abfertigung (alt)

Abfertigungssystem für Mitarbeiter/innen, die vor dem 1. Juli 2002 in ein Unternehmen eingetreten sind, bei dem mit zunehmenden Sprüngen in Abhängigkeit von Dienstjahren die Anzahl von Bruttogehältern die Abfertigungshöhe der Mitarbeiter/innen bestimmt hat[2]. Für Abfertigungsansprüche aus dem alten Abfertigungssystem ist eine Abfertigungsrückstellung in der Bilanz zu bilden[3].

---

[1] Vgl. BfDuW (2019b) Abfertigung
[2] Vgl. BfDuW (2019b) Abfertigung
[3] Vgl. Grünberger (2018), S. 228

Abgabefristen

Fälligkeiten, die Unternehmer/innen im Zusammenhang mit Ämtern und Behörden (z. B. Finanzamt, Krankenkasse) zu beachten haben. Je nach Abgabenart sind Erklärungen monatlich, quartalsweise oder jährlich bei der zuständigen Behörde (beim zuständigen Amt) einzureichen. Die Jahressteuererklärungen für Einkommens-, Umsatz- und Körperschaftssteuer sind bis zum 30. April des Folgejahres händisch mit Formular oder bis 30. Juni des Folgejahres digital über Finanzonline dem Finanzamt abzugeben bzw. zu übermitteln.[4]

Abgaben

Überbegriff für Beiträge, Gebühren und Steuern, die Ämter oder Behörden vorschreiben[5].

Abgabenbehörde

Öffentliche Einrichtung, die dazu berufen ist, bestimmte Abgaben und Beiträge nach rechtlich geregelten Aufgaben einzuheben[6].

---

[4] Vgl. BMF (2019) Abgabefristen
[5] Vgl. BfDuW (2019a) Abgaben
[6] Vgl. § 49-50 Bundesabgabenordnung, Vgl. BfDuW (2019a) Behörde

Abgabenprüfung

Kontrolltätigkeit von Unternehmensabgaben durch Behörden. Lohnabhängige Abgaben werden beispielsweise im Rahmen der gemeinsamen Prüfung lohnabhängiger Abgaben (GPLA) in Unternehmen durch ein Prüforgan der Krankenkasse oder dem Finanzamt geprüft.[7]

Abgrenzung

Einer der Grundsätze ordnungsgemäßer Bilanzierung der zwischen einer sachlichen und zeitlichen Komponente differenziert. Die sachliche Abgrenzung umfasst das imparitätische Realisationsprinzip, welches die Erfassung bzw. den Ausweis von noch nicht realisierten Gewinnen bzw. noch nicht realisierte Verluste beinhaltet. Die zeitliche Abgrenzung umfasst die periodengerechte Zurechnung von zeitraumbezogenen Aufwendungen und Erträge mittels aktiver/passiver Rechnungsabgrenzungsposten.[8]

---

[7] Vgl. BfDuW (2019a) Abgabenprüfung
[8] Vgl. Denk et. al. (2010), S. 58, 61

Abnutzung

Ausdruck der Wertminderung eines Wirtschaftsgutes im Laufe der Zeit durch den Wertverzehr[9].

Abschlussbuchung

Ausdruck für jene Buchungen, die während der Abschlussarbeiten durchgeführt werden und daher außerhalb der laufenden Buchhaltung durchgeführt werden[10].

Abschlussprüfer/in

Jene Person oder Gesellschaft, welche die Prüfungshandlungen des Jahresabschlusses und/oder des Konzernabschlusses vornehmen[11]. Abschlussprüfer/innen bzw. Konzernabschlussprüfer/innen können daher Wirtschaftsprüfer/innen oder Wirtschaftsprüfungsgesellschaften sein[12].

---

[9] Vgl. Becker et. al (2011), S. 2
[10] Vgl. Schaffhauser-Linzatti (2012), S. 146
[11] Vgl. Colbe et. al (2011), S. 2
[12] § 268 Abs 4 UGB

Abschlussprüfung

Der Jahresabschluss (inklusive des Lageberichtes) muss bei mittelgroßen und großen Kapitalgesellschaften jährlich durch eine/n Abschlussprüfer/in geprüft werden. Der Schwerpunkt der Untersuchung liegt auf der Prüfung, ob Bestimmungen des Gesellschaftsvertrages sowie gesetzliche Bestimmungen im (Konzern-) Jahresabschluss angewendet und korrekt berücksichtigt wurden. Dafür werden die im Konzernabschluss zusammengefassten Jahresabschlüsse dahingehend geprüft, ob diese im Einklang mit den Grundsätzen ordnungsgemäßer Buchführung sind. Anzumerken ist jedoch, dass diese Prüfung keine Zusicherung über das künftige Fortbestehen der Gesellschaft zusichert, sondern nur ob die Vorschriften eingehalten wurden.[13]

Abschlussstichtag

Bezeichnung für jenen Tag, für den der Jahresabschluss sowie Nebenbücher erstellt werden.[14]

---

[13] Vgl. § 269 Abs 1, 2, 5 UGB
[14] Vgl. Becker et. al (2011), S. 2

Abschreibung

Begriff für den (planmäßigen oder außerplanmäßigen) Wertverlust bzw. die Wertminderung von Vermögensgegenständen durch (Ab-)Nutzung[15]. Bei abnutzbaren Wirtschaftsgütern des Anlagevermögens mit zeitlich begrenzter Nutzungsdauer sind die Anschaffungs- und Herstellungskosten auf die Wirtschaftsjahre der voraussichtlichen Nutzung zu verteilen[16]. Bei geringwertigen Wirtschaftsgütern erfolgt grundsätzlich die volle Abschreibung im Jahr des Kaufes[17]. Nicht der planmäßigen/linearen Abschreibung unterliegen beispielsweise Grundstücke, Kunstwerke, Antiquitäten oder wertvolle Teppiche[18]. Bemessungsgrundlage der Anschaffungs- und Herstellungskosten sind sämtliche Aufwendungen, die erforderlich sind, das Anlagegut in einen betriebsbereiten Zustand zu versetzen[19]. Im Gesetz finden sich außer bei Personenkraftwagen, Firmenwert und Gebäude keine konkreten Aussagen von üblichen (verpflichtenden) Nutzungsdauern[20]. Wenn das Anlagegut in der zweiten Jahreshälfte angeschafft wurde, ist jedoch zwingend die Halbjahresabschreibung anzuwenden[21].

---

[15] Vgl. Auer (2018), S. 78; Vgl. Kolb (2018), S. 73
[16] Vgl. § 204 Abs. 1 UGB; BfDuW (2019b) Abschreibung
[17] Vgl. § 204 Abs. 1a UGB
[18] Vgl. BfDuW (2019b) Abschreibung
[19] Vgl. BfDuW (2019b) Abschreibung
[20] Vgl. BfDuW (2019b) Abschreibung
[21] Vgl. BfDuW (2019b) Abschreibung

Ferner sind Unternehmer/innen verpflichtet, Aufzeichnungen der Anlagegüter anhand eines Anlageverzeichnissen zu führen.

Abschreibung (außerordentlich/außerplanmäßig)

Unregelmäßiger Wertverfall eines Vermögensgegenstandes des Anlagevermögens oder Umlaufvermögens[22]. Bei voraussichtlicher dauernder Wertminderung ist zwingend auf den niedrigeren beizulegenden Wert zum Abschlussstichtag abzuschreiben[23]. Eine außerplanmäßige Abschreibung bei Finanzanlagen darf auch dann vorgenommen werden, wenn diese voraussichtlich nicht von Dauer ist[24]. Gründe für eine außerplanmäßige Abschreibung können beispielsweise sein:

- wirtschaftliche Entwertung durch technischen Fortschritt
- Katastrophen (Hochwasser, Brand, …),
- Fehlinvestitionen,
- gesunkene Wiederbeschaffungskosten,
- Bedarfs- oder Nachfrageänderungen[25].

---

[22] Vgl. Denk et. al. (2010), S.477
[23] Vgl. § 204 Abs. 2 UGB
[24] Vgl. § 204 Abs. 2 UGB
[25] Vgl. Denk et. al. (2010), S. 148

Bei Wegfall der Gründe für die außerordentliche Abschreibung, muss eine Zuschreibung auf den (höheren) beizulegenden Wert erfolgen[26]. Wenn Gründe für eine außerordentliche Abschreibung vorliegen, ist der Buchwert grundsätzlich mit einem Vergleichswert (grundsätzlich mit dem Marktwert) gegenüberzustellen[27].

Abschreibung (degressiv)

Abschreibungsmethode, bei jener angenommen wird, dass das Anlagegut am Beginn der Nutzung stark an Wert verliert und die Abschreibungsbeträge gegen Ende der Nutzungsdauer geringer ausfallen. Die degressive Abschreibung kann durch die folgenden zwei Methoden erfolgen:[28]

- Arithmetisch degressive Abschreibung: jährliche Abschreibungen verringern sich um einen jährlich konstanten Abschreibungssatz.[29]
- Geometrisch degressive Abschreibung: gleichbleibender prozentueller Abschreibungswert der dem Restbuchwert entspricht.[30]

---

[26] Vgl. Denk et. al. (2010), S. 148
[27] Vgl. Auer (2018), S. 79
[28] Vgl. Denk et. al. (2010), S. 154, Vgl. Colbe et. al (2011), S. 2
[29] Vgl. Denk et. al. (2010), S. 154
[30] Vgl. Denk et. al. (2010), S. 154

Abschreibung (halbjährlich)

Wird ein neues Wirtschaftsgut in der zweiten Jahreshälfte in Betrieb genommen, darf es (steuerrechtlich) in diesem Wirtschaftsjahr nur zur Hälfte der jährlichen Normalabschreibung abgeschrieben werden. Bei Inbetriebnahme vor 30. Juni wird das Wirtschaftsgut im Jahr der Inbetriebnahme mit dem jährlich linear gleichbleibenden Abschreibungsbetrag abgeschrieben.[31]

Abschreibung (leistungsabhängig)

Abschreibungsmethode, welche die tatsächliche Nutzung als Maßstab vorsieht.

Beispiele: gefahrene Kilometer, eingesetzte Maschinenstunden, produzierte Teile, ...[32]

---

[31] Vgl. BfDuW (2019b) Abschreibung
[32] Vgl. Denk et. al. (2010), S. 154

Abschreibung (linear/planmäßig)

Methode der gleichmäßigen kontinuierlichen Entwertung der Anschaffungs- und Herstellungskosten auf die voraussichtliche Nutzungsdauer[33]. Der Wertverlust wird dadurch gleichmäßig als Aufwand während der Nutzungsdauer berücksichtigt.[34]

Abschreibung (progressiv)

Abschreibungsmethode, bei der nach und nach eine vollständige Nutzung angenommen wird. Die Abschreibungsbeträge sind daher zu Beginn gering und steigen kontinuierlich mit der Zeit an[35].

Abschreibungsbasis

Jener Betrag, von dem die Abschreibung berechnet wird[36]. Bei der Berechnung der Anschaffungs- und Herstellungskosten fließen neben dem Kaufpreis des Wirtschaftsgutes auch Anschaffungsnebenkosten, wie beispielsweise, Transportkosten, Zoll, Provisionen, Montagekosten, Adaptierungskos-

---

[33] Vgl. Denk et. al. (2010), S. 153, 154
[34] Vgl. Lind-Braucher; Müller (2018), S. 84
[35] Vgl. Denk et. al. (2010), S. 154
[36] Vgl. Auer (2018), S. 78

ten, sowie bei Grundstücken mit Gebäude die Grunderwerbssteuer, in die Bemessungsgrundlage der Abschreibungsbasis mit ein[37].

Abschreibungsbeginn

Der Beginn der Abschreibung ist der Zeitpunkt der Inbetriebnahme und nicht der Zeitpunkt der Anschaffung des Wirtschaftsgutes[38].

Abschreibungsdauer

Jener Zeitraum, welche die voraussichtliche Nutzungsdauer des Vermögensgegenstandes darstellt[39].

Abschreibungsmethode(n)

Bezeichnung der gewählten Wertminderungsmethode, mit denen über die Nutzungsdauer des Anlagegutes der Wertverzehr berechnet wird.[40] Nach dem Unternehmensrecht dürfen all jene Methoden verwendet werden, die im Einklang mit den

---

[37] Vgl. BfDuW (2019b) Abschreibung
[38] Vgl. BfDuW (2019b) Abschreibung
[39] Vgl. Schaffhauser-Linzatti (2012), S. 93
[40] Vgl. Becker et. al (2011), S. 3

Grundsätzen ordnungsgemäßer Buchhaltung und Bilanzierung sind und der Nutzungsverlauf den Gegebenheiten entspricht. Folgenden Abschreibungsmethoden sind möglich:[41]

- lineare Abschreibung
- progressive Abschreibung
- degressive Abschreibung *(arithmetisch degressive Abschreibung bzw. geometrisch degressive Abschreibung)*
- Leistungsabschreibung
- Substanzwertabschreibung

Bei der Erstellung der Steuerbilanz ist die Anwendung der linearen Abschreibung (Halbjahres- oder Ganzjahresabschreibung) oder Substanzwertabschreibung verpflichtend.

Abschreibungssatz

Jener prozentuelle Wert, der den jährlichen prozentuellen Abschreibungswert wiedergibt[42].

---

[41] Aufstellung nach Vgl. Denk et. al. (2010), S. 153
[42] Vgl. Lind-Braucher; Müller (2018), S. 85

Abschreibungszeitraum

Der Abschreibungszeitraum ist von der betriebsgewöhnlichen Nutzungsdauer des Wirtschaftsgutes abhängig. Berücksichtigt werden sollen (wenn vorhanden) Erfahrungswerte oder ansonsten Schätzungen, wie lange die Anlage voraussichtlich in dem Betrieb genutzt wird. Der Abschreibungszeitraum von Personenkraftwagen, Firmenwert und Gebäude ist im Einkommenssteuergesetz bzw. Unternehmensgesetzbuch geregelt.[43]

Abzinsung

Fachbegriff für die finanzmathematische Kalkulation für eine zukünftigen Zahlung (auch Diskontierung genannt) mit der zu einem früheren Zeitpunkt gerechnet wird[44].

AfA

Steuerliche Abkürzung für Absetzung für Abnutzung (Synonym für Abschreibung)[45]. Der Begriff drückt die planmäßig gleichbleibende Verringerung der Anschaffungs- und Herstellungskosten aus[46].

---

[43] Vgl. § 8 EStG; Vgl. BfDuW (2019b) Abschreibung
[44] Vgl. Colbe et. al (2011), S. 13
[45] Vgl. Becker et. al (2011), S. 7
[46] Vgl. Colbe et. al (2011), S. 8

Agio

Fachausdruck für den Differenzbetrag zwischen Nennwert und höherem Ausgabekurs bei Wertpapieren.[47]

Aktie

Teilhaberrecht (Mitbesitz) an einer Aktiengesellschaft, verbrieft durch ein Wertpapier[48]. Die Summe der Aktienbeträge einer Aktiengesellschaft ist das Grundkapital[49]. Es können folgende Aktien unterschieden werden:

- Nennbetragsaktien (Anteil bestimmt sich nach dem Verhältnis des Nennbetrages zum Grundkapital)[50]
- Stückaktien (Anteil bestimmt sich anhand der Zahl der ausgegebenen Aktien)[51]
- Vorzugsaktien (Vorzug bei Verteilung des Gewinnes aber ohne Stimmrecht)[52]

Eine Aktie gewährt der Inhaberin/dem Inhaber verschiedene verbundene Rechte. Diese umfassen Stimmrechte,

---

[47] Vgl. Becker et. al (2011), S. 7
[48] Vgl. Becker et. al (2011), S. 8; Vgl. Easy Business Training (2009), S. 115
[49] Vgl. Becker et. al (2011), S. 8
[50] Vgl. § 8 Abs 2 AktG
[51] Vgl. § 8 Abs 3 AktG
[52] Vgl. § 12a Abs 1 AktG

Mitgliedschaftsrechte, Dividendenrechte oder Bezugsrechte für neu ausgegebene Aktien.[53] Bei Aktien besteht das Risiko, dass der Wert der Aktie auch unter den ursprünglichen Kaufpreis fallen kann. Das Risiko gegenüber der Gesellschaft ist jedoch auf den Kaufpreis der Aktie beschränkt.[54]

Aktiengesellschaft

Gesellschaftsform mit eigener Rechtspersönlichkeit, bei den Aktionären am Grundkapital beteiligt sind, ohne persönlich für Gesellschaftsverbindlichkeiten zu haften[55].

Aktiva

Aktivseite der Bilanz (linke Seite der Bilanz), die sich in die Positionen Anlagevermögen und Umlaufvermögen unterteilt. Dem Anlagevermögen sind jene Gegenstände zuzuweisen, die dazu bestimmt sind, dauernd (= ein Zeitraum von mindestens ein Jahr) dem Geschäftsbetrieb dienen. Im Umlaufvermögen sollen jene Betriebsmittel erfasst werden, die verbraucht, verarbeitet oder veräußert werden können und nicht

---

[53] Vgl. Denk et. al. (2010), S. 304
[54] Vgl. Easy Business Training (2009), S. 115
[55] Vgl. § 1 AktG

dazu bestimmt sind, dauernd dem Geschäftsbetrieb zu dienen.[56] Die Aktiva spiegelt somit die Mittelverwendung wider. Durch diese kann dargestellt werden, in welche Vermögensgegenstände die finanziellen Mittel geflossen sind.[57]

Aktive latente Steuern

Korrekturgröße, die dann gebildet wird, wenn der Gewinn im Jahresabschluss niedriger ist als der Gewinn im Steuerabschluss (Steuerbilanz)[58].

Beispiel: Eine aktive latente Steuer wird dann angesetzt, wenn im Jahresabschluss (nach UGB) eine Rückstellung gebildet wird, die im Steuerrecht entweder nicht angesetzt werden darf oder zu hoch angesetzt wurde – z. B. pauschale Rückstellungen[59].

Aktive Rechnungsabgrenzung

Sind Ausgaben für Aufwendungen vor dem Bilanzstichtag, welche im folgenden Wirtschaftsjahr anfallen[60].

---

[56] Vgl. Urianek (2014), S. 27
[57] Vgl. Denk et. al. (2010), S. 9
[58] Vgl. Auer (2018), S. 94
[59] Vgl. Auer (2018), S. 94
[60] Vgl. § 198 Abs 5 UGB

Beispiel: Zahlung für die Miete für dieses und nächstes Geschäftsjahr im Voraus.

Aktive Rechnungsabgrenzungsposten

Vom Unternehmen geleistete Vorauszahlungen, die erst im folgenden Wirtschaftsjahr als Aufwand verbucht werden dürfen.[61]

Aktivieren

Bezeichnung für die Aufnahme eines Vermögensgegenstandes bzw. von Schulden in der Bilanz[62].

Aktivierte Eigenleistungen

Position der Gewinn- und Verlustrechnung beim Gesamtkostenverfahren, der dann ausgewiesen wird, wenn Anlagevermögen innerhalb des Unternehmens erstellt wird und der Betrieb dies selbst dauerhaft nutzen wird[63]. Anlagen, die das Unternehmen im Auftrag eines/einer Kunden/Kundin herstellt und verkauft, dürfen nicht in der Position „aktivierte Eigenleistungen" ausgewiesen werden[64].

---

[61] Vgl. Amely, Krickhahn (2013), S. 371
[62] Vgl. Schaffhauser-Linzatti (2012), S. 223
[63] Vgl. Auer (2018), S. 74
[64] Vgl. Auer (2018), S. 74

Aktivierungspflicht

Verpflichtung, einen bestimmten Vermögensgestand im Anlagevermögen zu aktivieren. Eine direkte Verbuchung als Aufwand ist daher nicht zulässig.[65]

Aktivtausch

Resultiert aus einer erfolgsneutralen Bilanzveränderung/Umgliederung auf der Aktivseite[66]. Beim Geschäftsfall sind daher zwei Positionen auf der Aktivseite, der involvierte Vermögensposten wird erhöht und der andere um denselben Betrag vermindert[67].

Beispiel: Ein Unternehmen kauft einen PKW mittels Barzahlung.

Amortisationsrechnung

Instrument der Kostenrechnung welches den Zeitraum berechnet, bis wann eine Investition sich selbst finanziert hat und die Gewinnzone erreicht. Desto früher sich eine Investition selbst finanziert, umso besser ist dies für ein Unternehmen.[68]

---

[65] Vgl. Easy Business Training (2009), S. 116
[66] Vgl. Becker et. al (2011), S. 10
[67] Vgl. Urianek (2014), S. 68
[68] Vgl. Easy Business Training (2009), S. 23, 25

Anfangsinvestition

Summe aller Ausgaben, die seit der Eröffnung des Unternehmens bis zum Zeitpunkt der Bereitstellung von absatzreifen Produkten anfallen[69].

Anhang

Pflichtbestandteil bestimmter Gesellschaftsformen mit erhöhten Publizitätspflichten, bei dem einzelne Posten aus Bilanz, Gewinn- und Verlustrechnung näher beschrieben und erläutert sowie zusätzliche Angaben zum Unternehmen bereitstellt werden müssen.[70] Im Anhang sind Informationen zu den folgenden Bereichen zumindest darzustellen:

1. die angewendeten Bilanzierungs- und Bewertungsmethoden (dies umfasst insbesondere die Bewertungsgrundlagen, Angaben zu wesentlichen Änderungen der Bilanzierungs- und Bewertungsmethoden, Angaben zur Berücksichtigung des Konzeptes der Unternehmensfortführung sowie die Grundlagen der Währungsumrechnung)[71]

2. die noch nicht unter der Bilanz berücksichtigen Haftungsverhältnisse (Eventualverbindlichkeiten) sowie sonstige

---

[69] Vgl. Colbe et. al (2011), S. 13
[70] Vgl. Becker et. al (2011), S. 12
[71] Vgl. § 237 Abs 1 Z 1 UGB

wesentliche finanzielle Verpflichtungen, die nicht auf der Passivseite ausgewiesen werden müssen, gewährte dingliche Sicherheiten, noch nicht berücksichtigte Pensionsverpflichtungen sowie Verpflichtungen gegenüber verbundenen oder assoziierten Unternehmen[72]

3. die Geldbeträge der gewährten Vorschüsse und Kredite an Vorstands- und Aufsichtsratsmitglieder sowie die zugunsten dieser Personen eingegangenen Haftungsverhältnisse[73]

4. Beträge der einzelnen Aufwands- oder Ertragspositionen von außerordentlicher Größenordnung oder von außerordentlicher Bedeutung[74]

5. die jeweiligen Summen der Verbindlichkeiten mit einer Restlaufzeit von mehr als fünf Jahren als auch der Gesamtbetrag der Verbindlichkeiten, für die dingliche Sicherheiten bestellt sind[75]

6. die durchschnittliche Anzahl an Arbeitnehmer/innen während des Wirtschaftsjahres[76]

---

[72] Vgl. § 237 Abs 1 Z 2 UGB
[73] Vgl. § 237 Abs 1 Z 3 UGB
[74] Vgl. § 237 Abs 1 Z 4 UGB
[75] Vgl. § 237 Abs 1 Z 5 UGB
[76] Vgl. § 237 Abs 1 Z 6 UGB

7. Firmenname und Firmensitz des Mutterunternehmens, das den Konzernabschluss für den kleinsten Kreis von Unternehmen aufstellt.[77]

Mittelgroße und große Gesellschaften haben neben den oben beschriebenen Anhangsangaben zusätzlich Angaben zu Finanzinstrumenten (inkl. Genussscheine, Genussrechte, Wandelschuldverschreibungen und Optionen), Beziehungen zu verbundenen Unternehmen, Aufwendungen für den/die Abschlussprüfer/in, Rückstellungen, die nicht gesondert ausgewiesen werden, etc. vorzuweisen.[78]

Anlagen in Bau

Position des Anlagevermögens, bei welchem die Herstellungskosten von unfertigen selbst erstellten Sachanlagevermögen am Bilanzstichtag erfasst sind[79].

---

[77] Vgl. § 237 Abs 1 Z 7 UGB
[78] Vgl. § 238 Abs 1 UGB
[79] Vgl. Denk et. al. (2010), S. 146

Anlagenspiegel

Darstellungsinstrument über die Wertentwicklung von einzelnen Bilanzpositionen des Anlagevermögens im Anhang der Bilanz[80]. Der Anlagenspiegel zeigt die Veränderungen des Anlagevermögens vom Zeitpunkt des Zugangs bis zum Bilanzstichtag auf[81]. Der Anhang ist ein verpflichtender Bestandteil für Kapitalgesellschaften und beinhaltet folgende Informationen:

- Anschaffungs- bzw. Herstellungskosten:
    - Anschaffungs- bzw. Herstellungskosten am Beginn des Geschäftsjahres
    - Zugänge
    - Abgänge
    - Zinsen
    - Umbuchungen
    - Anschaffungs- bzw. Herstellungskosten am Ende des Geschäftsjahres
- Zuschreibungen

---

[80] Vgl. Denk et. al. (2010), S.477
[81] Vgl. Auer (2018), S. 54

Anlagevermögen

Die Summe der Vermögensgegenstände, die dazu bestimmt sind, dauerhaft dem Unternehmen zu dienen.[82] Jene Wirtschaftsgüter, deren betriebsgewöhnliche Nutzungsdauer kürzer als ein Jahr ist, dürfen nicht als Anlagevermögen angesetzt werden[83]. Vermögensgegenstände des Anlagevermögens sind zum Gebrauch bestimmt und haben nichts mit der Be- oder Verarbeitung zu tun[84]. Die Mindestgliederung des Anlagevermögens bei Kapitalgesellschaften lautet wie folgt:[85]

I. Immaterielle Vermögensgegenstände

1. Konzessionen, gewerbliche Schutzrechte und ähnliche Rechte

2. Geschäfts- und Firmenwert

3. geleistete Anzahlungen

II. Sachanlagen

1. Grundstücke, grundstücksgleiche Rechte und Bauten, Bauten auf fremden Grund

2. technische Anlagen und Maschinen

---

[82] Vgl. § 198 Abs 2 UGB
[83] Vgl. Urianek (2014), S. 27
[84] Vgl. Urianek (2014), S. 27; Vgl. Colbe et. al (2011), S. 40
[85] Aufstellung aus Denk et. al. (2010), S. 144

3. andere Anlagen, Betriebs- und Geschäftsausstattung

4. geleistete Anzahlungen

III. Finanzanlagen

1. Anteile an verbundenen Unternehmen

2. Ausleihungen an verbundenen Unternehmen

3. Beteiligungen

4. Ausleihungen

5. Wertpapiere des Anlagevermögens

6. sonstige Ausleihungen

Die Bewertung des Anlagevermögens erfolgt im Anlagevermögen mit dem gemilderten Niederstwertprinzip[86]. Eine Abwertung auf den niedrigeren beizulegenden Zeitwert erfolgt
nur dann, wenn eine voraussichtliche dauernde Wertminderung vorliegt[87].

---

[86] Vgl. Auer (2018), S. 284
[87] Vgl. Auer (2018), S. 284

Anlagevermögen (abnutzbar)

Gegenstände des Anlagevermögens bei welchen durch Gebrauch (z. B. Maschinen oder Gebäuden), Nutzung (z. B. PKW), Ausbeutung (z. B. bei Bodenschätzen) oder Verwendung dauerhaft einer Wertminderung eintritt. Der Wertverzehr kann technischer, wirtschaftlicher oder zeitlicher Natur sein.[88] Abnutzbare Vermögensgegenstände sind daher zeitlich nur begrenzt nutzbar[89].

Beispiele: Gebäude, Fahrzeuge, Maschinen, Betriebs- und Geschäftsausstattung[90].

Anlagevermögen (nicht abnutzbar)

Gegenstände des Anlagevermögens, bei welchen durch Gebrauch, Nutzung oder Verwendung dauerhaft keine Wertminderung eintritt, d.h. diese unterliegen keinem Wertverzehr[91].

---

[88] Vgl. Urianek (2014), S. 28; Vgl. Denk et. al. (2010), S. 148
[89] Vgl. Kolb (2018), S. 73
[90] Vgl. Urianek (2014), S. 28
[91] Vgl. Urianek (2014), S. 28

Bei nicht abnutzbaren Anlagevermögen ist die Nutzung zeitlich nicht beschränkt[92]. Nicht abnutzbare Gegenstände sind daher zeitlich unbegrenzt nutzbar[93].

Beispiele: Grundstücke, Wertpapiere, Kunstwerke, Antiquitäten[94].

Anleihe

Verbrieftes Wertpapier, das neben der laufenden Tilgung des zur Verfügung gestellten Geldbetrages auch eine vereinbarte Verzinsung gewährt[95].

Annuität

Begriff für die Tilgung (Begleichung) einer Geldschuld durch regelmäßige gleichbleibende Zahlungen. Die Annuität besteht aus zwei Teilen: dem Zinsanteil und dem Tilgungsanteil. Der Zinsanteil nimmt mit der Zeit ab, der Tilgungsanteil steigt mit der Zeit. Der Rückzahlungsbetrag bleibt über die gesamte Laufzeit konstant.[96]

---

[92] Vgl. Denk et. al. (2010), S. 148
[93] Vgl. Kolb (2018), S. 73
[94] Vgl. Urianek (2014), S. 28, 29
[95] Vgl. Colbe et. al (2011), S. 45
[96] Vgl. Zschenderlein (2015), S. 325

Ansatzverbot

Bilanzierungsverbot für bestimmte Vermögenswerte in der Bilanz[97].

Beispiel: Für nicht entgeltlich erworbene, immaterielle Firmenwerte, besteht ein Ansatzverbot[98].

Ansatzwahlrechte

Ein vom Gesetzgeber eingeräumtes Recht, das verschiedene Handlungsmöglichkeiten für das bilanzierende Unternehmen vorsieht.

Anschaffung

Erwerb eines Vermögensgegenstandes durch eine/n außenstehenden Unternehmer/in[99]. Zentrales Merkmal einer Anschaffung ist, dass diese unverändert, gleichwertig und funktionsgleich bleibt[100]. Eine Anschaffung ist somit ein entgeltlicher Erwerb eines bestehenden Wirtschaftsgutes, das eine

---

[97] Vgl. Auer (2018), S. 279
[98] Vgl. Auer (2018), S. 279
[99] Vgl. Denk et. al. (2010), S.477
[100] Vgl. Denk et. al. (2010), S.477

Änderung der Verfügungsmacht auslöst[101]. Eine Anschaffung liegt somit nicht bei Privateinlagen oder Schenkungen vor[102].

Anschaffungskosten

Aufwendungen, die getätigt werden, um einen Vermögensgegenstand zu erwerben und ihn in einen betriebsbereiten Zustand zu versetzen[103]. Nachträgliche Anschaffungskosten zählen ebenso wie die Nebenkosten des Kaufs zu den Anschaffungskosten[104]. Die Anschaffungskosten berechnen sich wie folgt:[105]

Kaufpreis/Anschaffungspreis

+ Anschaffungsnebenkosten

Beispiele: Kosten für Transport, Montage, Zölle, Verpackung, Grunderwerbssteuer, Anschlusskosten, Umrüstkosten, ...[106]

---

[101] Vgl. Urianek (2014), S. 133
[102] Vgl. Urianek (2014), S. 133
[103] Vgl. § 203 Abs. 2 UGB
[104] Vgl. § 203 Abs. 2 UGB
[105] Schema direktes Zitat aus Lang, Unger (2016), S. 22
[106] Vgl. Einkommenssteuerrichtlinien BMF (2018) EStR 2186

+ nachträgliche Anschaffungskosten

Entstehen im Zusammenhang mit dem Anschaffungs-
vorgang.

*Beispiele: Kaufpreiserhöhungen, Erhöhung der An-
schaffungskosten, Nachträgliche Rückzahlung einer
steuerfreien Subvention, ...*[107]

- Anschaffungspreisminderung

*Beispiele: Rabatte, Skonti, Zuschüsse, Subventionen,
...*[108]

= Anschaffungskosten nach § 203 Abs 2 UGB

---

[107] Vgl. Einkommensteuerrichtlinien BMF (2018) EStR 2188-2189
[108] Vgl. Einkommensteuerrichtlinien BMF (2018) EStR 2191

Anschaffungskosten (nachträglich)

Bestandteil der Anschaffungskosten, die zu einer Zunahme der einzelnen Komponenten der Anschaffungskosten führen[109]. Die Finanzverwaltung zählt in den Erläuterungen des Einkommenssteuergesetzes folgende nachträgliche Anschaffungskosten taxativ auf:

- Herstellung der Betriebsbereitschaft,
- Nachträgliche Rückzahlung steuerfreier Subventionen,
- Rentenzahlungen, Rentenwagnisse,
- Kosten in unmittelbarem Zusammenhang mit der nachträglichen Errichtung von Wohnungseigentum (Vertragserrichtungskosten, Eintragungsgebühr usw.).[110]

Anschaffungsnebenkosten

Zusätzliche Aufwendungen, die durch die Anschaffung des Wirtschaftsgutes anfallen, wie beispielsweise:[111]

---

[109] Vgl. Einkommenssteuerrichtlinien BMF (2018) EStR 2188
[110] Vgl. BMF (2018) EStR 2189
[111] Vgl. Einkommenssteuerrichtlinien BMF (2018) EStR 2186

- Abgaben auf Grund des Abschlusses von Rechtsgeschäften (Beispiele: Grunderwerbssteuer, Normverbrauchsabgabe, Eintragungsgebühren, Zölle, Anmeldekosten für Kraftfahrzeuge, nicht als Vorsteuer abzugsfähige Umsatzsteuer)

- Anschlusskosten

- Aufwendungen von behördlicher Genehmigung

- Honorare auf Grund des Abschlusses des Rechtsgeschäftes (wie Vermittlungsprovisionen, Anwalts- und Notarhonorare, Übersetzerhonorare, Maklergebühren)

- Montage- und Anschlusskosten (alle Aufwendungen, die bei der Aufstellung einer Anlage erforderlich sind)

- Reise- und Besichtigungskosten oder Kosten der Begutachtung der Beschaffenheit und des Wertes des anzuschaffenden Gegenstandes.

- Transaktionsentgelte und Bankspesen für an den Terminbörsen erworbenen Optionsrechten

- Transportkosten

- Transportversicherung

- Umladung und Entladung

- Umrüstkosten

- Verluste aus der Veräußerung notwendig mitangeschaffter Wirtschaftsgüter

- Vertragserrichtungskosten

- Vorperiodische Anschaffungsnebenkosten
- Zwischenlagerung

Nicht zu den Anschaffungskosten zählen[112]:

- Kosten der Devisenbeschaffung
- Entscheidungsvorbereitung und Entscheidungsfindung
- Finanzierungsaufwendungen
- Lagerkosten
- Planungskosten
- Qualitätskontrolle
- Rechtsstreitigkeiten
- Testläufe
- Wertsicherungsbeträge für gestundete Kaufpreisschulden

Anschaffungspreisminderungen

Tatbestände, welche die Anschaffungskosten kürzen, wie beispielsweise:[113]

---

[112] Vgl. Einkommenssteuerrichtlinien BMF (2018) EStR 2187
[113] Aufzählung: Komprimiertes direktes Zitat aus Einkommenssteuerrichtlinien BMF (2018) EStR 2191

- Kaufpreisreduktion wegen Inanspruchnahme der Gewährleistung
- Kaufpreisstreitigkeiten
- Verminderung der Anschaffungskosten durch Nachverhandlungen, im Prozessweg oder aus ähnlichen Gründen
- Rabatte
- ausgenützte Skonti, Zuschüsse und Subventionen

Anschaffungswertprinzip

Grundregel, die besagt, dass ein in der Bilanz angesetzter Wert niemals den Wert der ursprünglichen Anschaffungs- bzw. Herstellungskosten überschreiten darf. Für Schulden gilt, dass dieser Wert nicht geringer sein darf als dieser zum Zeitpunkt der Aktivierung angesetzt wurde.[114]

Anteil

Ausdruck für eine Beteiligung an einer Personen- oder Kapitalgesellschaft.[115]

---

[114] Vgl. Schaffhauser-Linzatti (2012), S. 122
[115] Vgl. Becker et. al (2011), S. 14

Antizipative Posten

Diese Posten, die Einnahmen (Erträge) oder Ausgaben (Aufwände) darstellen, fallen erst im nächsten Geschäftsjahr als Einnahmen und Ausgaben an, jedoch in wirtschaftlicher Hinsicht prinzipiell in das abzuschließende Geschäftsjahr gehören.

Anzahlungen (geleistete)

Vorleistungszahlungen für den Erwerb von Sachanlagen oder Vorleistungen eines/einer Vertragspartners/Vertragspartnerin aus schwebenden Geschäften. Vorleistungen im Zuge des Erwerbs von Sachanlagen werden in den Sachanlagen unter geleistete Anzahlungen ausgewiesen, Vorleistungen für die Beschaffung von Vorratsvermögen werden in den Vorräten ausgewiesen[116].

Asset Deal

Erwerb von einzelnen Vermögensgegenständen, Schulden oder Vermögensteilen eines anderen Unternehmens[117].

---

[116] Vgl. Denk et. al. (2010), S. 145, 146, 227
[117] Vgl. Colbe et. al (2011), S. 55

Assoziierte Unternehmen

Begriff für Unternehmen, auf denen ein/e Investor/in einen maßgeblichen Einfluss ausüben kann, jedoch liegt keine Beherrschung vor[118]. Ein assoziiertes Unternehmen wird in der Regel dann angenommen, wenn die Stimmrechts- oder Kapitalanteile mindestens 20 % oder mehr betragen, ohne dass ein beherrschender Einfluss vorliegt[119].

Aufbewahrungspflicht

Sämtliche Bücher, Inventare, Geschäftsbriefe, Abschriften, Belege für Buchungen, Bilanzen, Lageberichte, Konzernabschlüsse inkl. Konzernlageberichten sind sieben Jahre (beginnend mit Ende des jeweiligen Wirtschaftsjahres) geordnet aufzubewahren. Die Frist kann sich verlängern, wenn ein behördliches oder gerichtliches Verfahren anhängig ist[120]. Die gesetzlichen Vorschriften hinsichtlich der Aufbewahrungsfristen sind dementsprechend zu beachten: Allgemeine Belege müssen 7 Jahre lang aufbewahrt werden, Belege betreffend Grundstücke 22 Jahre und Belege im Rahmen von bestimmten COVID-19-Förderungen 10 Jahre (mit spezifischen Ab-

---

[118] Vgl. Colbe et. al (2011), S. 793
[119] Vgl. Colbe et. al (2011), S. 792, 793
[120] Vgl. § 212 UGB

weichungen je nach Art der Förderung, z. B. Investitionsprämie 10 Jahre, Kurzarbeit 10 Jahre und Förderungen iSd COFAG 7 Jahre).

Aufgaben der Buchführung

Entscheidungsträger/innen brauchen die Daten und Informationen der Buchführung als Grundlage für die unterschiedlichsten Steuerungsinstrumente, sowie für die Beurteilung von Entscheidungen. Die Selbstinformation ist daher eine der Kernaufgaben der Buchhaltung. Ebenso ist die Buchhaltung ein wichtiges Tool, um die Lage und Entwicklung des Unternehmens zu verfolgen und zu steuern. Die Buchhaltung dient ferner der Rechenschaftslegung gegenüber Dritten (z. B. Gläubiger/innen).[121] Die Aufgaben des betrieblichen Rechnungswesens sind daher die Dokumentation, die Rechenschaftslegung, die Kontrolle sowie die Disposition[122].

Aufgaben des Jahresabschlusses

Dem Jahresabschluss kommen neben den Aufgaben der Buchführung weitere Aufgaben zu. Der Jahresabschluss bildet die Grundlage der Gewinnermittlung und steht daher in

---

[121] Vgl. Zschenderlein (2015), S. 17-18
[122] Vgl. Kolb (2018), S. 15

engem Zusammenhang mit der Besteuerung des Unternehmens. Der Jahresabschluss ist für Stakeholder eine wichtige Informationsquelle und somit Instrument der Rechenschaftslegung.[123]

Aufsichtsrat

Kontrollorgan bei Aktiengesellschaften, Gesellschaften mit beschränkter Haftung und bei Genossenschaften. Der Aufsichtsrat soll die Unternehmensleitung (Vorstand) in seinen Aufgaben beraten und überwachen. Zu den Aufgaben zählt beispielsweise den Jahres- und den eventuell vorhandenen Konzernabschluss einschließlich des Lageberichts zu prüfen.[124]

Aufwand

Betrieblicher Vorgang, der eine Abnahme des Reinvermögens mit sich bringt[125]. Aufwand ist somit der in Geld bewertbare Verbrauch von Gütern und Dienstleistungen (innerhalb eines Wirtschaftsjahres) und stellt periodisierte Ausgaben dar.[126]. Als Reinvermögen bezeichnet man die Summe des

---

[123] Vgl. Kolb (2018), S. 106
[124] Vgl. Colbe et. al (2011), S. 56
[125] Vgl. Denk et. al. (2010), S. 30
[126] Vgl. Amely, Krickhahn (2013), S. 346; Vgl. Colbe et. al (2011) S. 57

Geldvermögens und die Summe des Sachvermögens[127]. Die Verbuchung von Aufwendungen erfolgt auf der linken (Soll) Seite der Gewinn- und Verlustrechnung, wodurch das Unternehmen ärmer wird.[128]

Aufwandskonto

Erfolgskonto, bei dem der Erfolg negativ durch die wirtschaftlichen Tätigkeiten beeinflusst wird[129]. Aufwandskonten stehen meist im Zusammenhang mit dem Güter- und Werteverzehr, wie beispielsweise mit Rohstoffen, Löhnen, Mieten, Reparaturen, Versicherungen, Werbungen usw.[130] Aufwandskonten werden prinzipiell immer auf der Sollseite gebucht und mindern durch die Gewinn- und Verlustrechnung das Eigenkapital[131].

Ausgabe

Betrieblicher Vorgang, der eine Abnahme des Geldvermögens mit sich bringt[132]. Liquidierte Mittel plus Forderungen mi-

---

[127] Vgl. Amely, Krickhahn (2013), S. 346
[128] Vgl. Easy Business Training (2009), S. 117
[129] Vgl. Urianek (2014), S. 48-49
[130] Vgl. Urianek (2014), S. 48-49
[131] Vgl. Lind-Braucher; Müller (2018), S. 49
[132] Vgl. Denk et. al. (2010), S. 27

nus Verbindlichkeiten ergeben das Geldvermögen eines Unternehmens[133]. Ausgaben entstehen daher nicht nur durch Auszahlungen, sondern auch durch den Rückgang von Forderungen oder durch den Anstieg der Verbindlichkeiten[134].

Ausgangsrechnung

Beleg, mit welchem der/die Unternehmer/in die verkauften Waren oder Dienstleistungen in Rechnung stellt[135].

Ausleihungen

Unter Ausleihungen versteht man die langfristige Überlassung von Kapital an Unternehmen mit Beteiligungsverhältnissen, die nicht dem Posten Wertpapiere zuzurechnen sind[136]. Das UGB geht dabei von einer Mindestlaufzeit von fünf Jahren aus[137].

---

[133] Vgl. Amely, Krickhahn (2013), S. 346
[134] Vgl. Amely, Krickhahn (2013), S. 346
[135] Vgl. Grbenic/Zunk (2019), S. 29
[136] Vgl. Becker et. al (2011), S. 20, § 227; Vgl. Schaffhauser-Linzatti (2012), S. 217
[137] Vgl. § 227

Ausleihungen an verbundene Unternehmen

Kapitalforderungen mit langfristiger Vertragsbeziehung gegenüber verbundenen Unternehmen. Bei der Ausgabe der Darlehen, Hypotheken oder Rentenforderungen war die Absicht gegeben, das Kapital über einen längeren Zeitraum (größer als 12 Monate) dem verbundenen Unternehmen zur Verfügung zu stellen.[138]

Außenprüfung

Prüfungshandlungen (auch Betriebsprüfung genannt) bei Unternehmer/innen durch Außendienstmitarbeiter/innen von Finanzbehörden[139].

Außerbetriebliche Einkünfte

Die Einkünfteermittlung erfolgt durch Ermittlung des Überschusses der Einnahmen über Werbungskosten (Überschussrechner). Die Einkünfte unterliegen dem Zufluss-Abfluss-Prinzip, d.h. Einkünfte werden jener Periode zugerechnet, in der diese bezahlt wurden.[140]

---

[138] Vgl. Denk et. al. (2010), S. 147
[139] Vgl. Colbe et. al (2011), S. 66
[140] Vgl. Lang, Unger (2016), S. 13, 15, 19

Außerbetriebliche Einkunftsarten

Einkünfte, die außerhalb der unternehmerischen Tätigkeit entstehen wie Einkünfte aus nicht selbstständiger Arbeit (Dienstverhältnis), Einkünfte aus Kapitalvermögen, Einkünfte aus Vermietung und Verpachtung sowie sonstige Einkünfte[141].

Außerordentliches Ergebnis

Saldo aus Erträgen und Aufwendungen die außerhalb der gewöhnlichen Geschäftstätigkeit anfallen[142].

Ausstehende Einlagen

Ausstehende Beträge von Gesellschafter/innen, welche die Kapitaleinlage(n) noch nicht oder noch nicht vollständig geleistet haben[143].

Auszahlung

Betrieblicher Vorgang, der eine Abnahme des Zahlungsmittelbestandes (Verminderung des Bar- bzw. Buchgeldbestandes) mit sich bringt[144].

---

[141] Vgl. Lang, Unger (2016), S. 5
[142] Vgl. Denk et. al. (2010), S.478
[143] Vgl. Denk et. al. (2010), S. 2301
[144] Vgl. Denk et. al. (2010), S. 26, Vgl. Becker et. al (2011), S. 21

B

VON

« BADWILL »

BIS

« BÜRGSCHAFT »

Badwill

Negativer Geschäfts- oder Firmenwert, der sich aus einem Unterschiedsbetrag ergibt, wenn der gezahlte Kaufpreis unterhalb des neubewerteten, anteiligen und bilanziellen Eigenkapitales liegt[145].

Barwert

Ausdruck für den Gegenwartswert einer künftigen Zahlungsreihe.[146]

Beiträge

Fachausdruck für zu zahlende Geld- oder Sachleistungen für den Erhalt bzw. die Errichtung einer öffentlichen Institution[147].

Beispiele: Sozialversicherungsbeiträge, Kammerbeiträge, uvm.

---

[145] Vgl. Colbe et. al (2011), S. 67
[146] Becker et. al (2011), S. 24
[147] Vgl. BfDuW (2019a) Abgaben

Beizulegender Zeitwert

Vergleichswert bei der Bewertung des Umlaufvermögens. Als beizulegender Zeitwert versteht man jenen Preis, der zu einem bestimmten Zeitpunkt im Beschaffungsmarkt oder im Absatzmarkt zu zahlen ist. Dabei unterscheidet man den Marktpreis (Preisbasis: bestimmter Handelsplatz) bzw. den Börsenkurs (Preisbasis: bestimmte anerkannte Börse).[148]

Beleg

Schriftliches Dokument, das die Grundlage der Buchhaltung ist und einen oder mehrere Geschäftsvorgänge enthält[149].

Belegarten

Es gibt zwei verschiedene Arten von Belegen, nämlich interne und externe Belege. Externe Belege stammen von einem außenstehenden Unternehmen oder werden an ein außenstehendes Unternehmen ausgegeben (Beispiele: Eingangsrechnungen, Ausgangsrechnungen, Kontoauszüge, Quittungen). Interne Belege werden für unternehmensinterne innerbetriebliche Vorgänge erstellt (Beispiele: Inventuraufzeichnungen,

---

[148] Vgl. Schneider (2016), S. 19
[149] Vgl. Schaffhauser-Linzatti (2012), S. 146

Buchungsanweisungen, Aufzeichnungen über Privatentnahmen, Materialentnahmebelege).[150]

Bei der systematischen Verbuchung und Klassifikation von Belegen werden folgende Belegarten unterschieden:

- Eingangsrechnungen,

  (Verbindlichkeiten von Lieferanten, etc.)
- Ausgangsrechnungen,

  (Kundenforderungen, etc.)
- Kassabelege,

  (Ein- und Auszahlungen durch Barzahlung, etc.)
- Bankbelege,

  (Ein- und Auszahlungen durch Bankzahlung, etc.)
- Sonstige.[151]

  (Bezahlung mittels Bankomat- oder Kreditkarte, etc.)

---

[150] Vgl. Schaffhauser-Linzatti (2012), S. 146; Vgl. Schneider et. al. (2018), S. 21
[151] Vgl. Neugebauer (2008), S. 37

B2B

Abkürzung für die Marktform Business-to-Business (Geschäftsbeziehungen zwischen mindestens 2 Unternehmer/innen). Kennzeichnend für den B2B-Markt ist, dass Angebot und Leistungserstellung von Unternehmen an andere Unternehmen erfolgen.[152]

B2C

Abkürzung der Marktform Business-to-Customer (Geschäftsbeziehungen zwischen Privatpersonen und Unternehmer/innen). Kennzeichnend für den B2C-Markt ist, dass Unternehmer/innen das Angebot für Konsument/innen (Nachfrageseite) bereitstellen.[153]

---

[152] Vgl. Wirtschaftslexikon Gabler (2019) Business-to-Business-Markt | https://wirtschaftslexikon.gabler.de/definition/business-business-markt-28155/version-251791
[153] Vgl. Wirtschaftslexikon Gabler (2019) Business-to-Consumer-Markt | https://wirtschaftslexikon.gabler.de/definition/business-consumer-markt-30024/version-253618

Belegerteilungspflicht

Verpflichtung von Unternehmen, Kunden/Kundinnen bei er-
brachter Leistung einen Beleg zu übergeben. Kassabelege
müssen seit 2016 bestimmte Mindestinhalte vorweisen. Durch
diese Maßnahme soll Steuerbetrug reduziert werden.[154]

Beleggrundsätze

Richtlinien zu den Prinzipien für Belege. Belege sind als Urkunden zu behandeln und daher dürfen keine Veränderungen
vorgenommen werden. Jeder Beleg muss eine einmalige Be-
legnummer aufweisen. Die Aufbewahrung von sämtlichen Belegen soll in geordneter Weise vorgenommen werden.[155]

Belegnachweis

Prinzipiell muss jede Buchung auf einen Beleg beruhen (Be-
legprinzip). Umgekehrt darf auch ohne Beleg keine Buchung
gemacht werden.[156]

---

[154] Vgl. BfDuW (2019a) Belegpflicht
[155] Vgl. Urianek (2014), S. 18
[156] Vgl. Urianek (2014), S. 17

Berichtswesen

Steuerungs- und Kontrollsystem des Unternehmens, bei dem die Zielerreichung überprüft wird und die Berichterstattung von einzelnen Unternehmensbereichen erfolgt. Hierzu werden Instrumente wie Kennzahlen, Soll-Ist-Vergleiche oder der Betriebsabrechnungsbogen herangezogen.[157]

Bescheid

Erlassene Entscheidungen von Verwaltungsbehörden, die an eine/n bestimmte/n Empfänger/in gerichtet sind. Ein Bescheid wird typischerweise schriftlich verfasst und gegen den Inhalt des Bescheides kann meist ein Rechtsmittel (z. B. Bescheidbeschwerde) geltend gemacht werden[158].

Bestandsgrößen

Jene Größen, die in Geldeinheiten (z. B. Kassenbestand) oder in physikalischen Einheiten (z. B. Warenbestand) gemessen werden können. Bestandsgrößen werden zeitpunktbezogen ermittelt. In der Bilanz sind das Kapital sowie das Vermögen die Bestandsgrößen.[159]

---

[157] Vgl. Easy Business Training (2009), S. 119
[158] Vgl. BfDuW (2019a) Bescheid, § 244 Bundesabgabenordnung
[159] Vgl. Wöltje (2014), S. 26

Bestandskonto

Bezeichnung für die Konten auf der Aktivseite und Passivseite der Bilanz[160]. Aktive Bestandskonten befinden sich auf der linken Seite der Bilanz und haben im Soll den Anfangsbestand und Zugänge, im Haben Bestandsabgänge und den Endbestand[161]. Passive Bestandskonten befinden sich auf der rechten Seite der Bilanz und haben im Soll Bestandsabgänge und den Endbestand und im Haben den Anfangsbestand und die Zugänge[162]. Jeder Position in der Bilanz wird ein Bestandskonto zugewiesen[163].

Bestandsveränderung

Resultiert aus einer Veränderung des Lagerbestandes von fertigen bzw. unfertigen Erzeugnissen sowie aus Erhöhung oder Verminderung von noch nicht abgerechneten Leistungen.[164] Der Lagerbestand verändert sich durch jeden Wareneinkauf (Zugang) bzw. Warenverkauf (Abgang)[165].

---

[160] Vgl. Urianek (2014), S. 40
[161] Vgl. Urianek (2014), S. 40
[162] Vgl. Urianek (2014), S. 41
[163] Vgl. Lind-Braucher; Müller (2018), S. 48
[164] Vgl. Becker et. al (2011), S. 27
[165] Vgl. Zschenderlein (2015), S. 115

Bestätigungsvermerk

Ist ein vom Wirtschaftsprüfer/von der Wirtschaftsprüferin bzw. von der Wirtschaftsprüfungsgesellschaft unterzeichnetes Urteil, ob der (Konzern-) Jahresabschluss im Einklang mit dem (Konzern-) Lagebericht steht und ob der (Konzern-) Jahresabschluss sowie (Konzern-) Lagebericht den aktuell geltenden gesetzlichen Anforderungen entspricht und ein möglichst getreues Bild der Vermögens-, Finanz- und Ertragslage des Unternehmens oder des Konzerns darstellt[166]. Der Bestätigungsvermerk beinhaltet ein Prüfungsurteil[167]. Nach Auffassung des/der Abschlussprüfers/Abschlussprüferin kann dieses folgende vier Ausprägungen vorweisen:[168]

1. uneingeschränkt

2. eingeschränkt

3. negativ

4. Nichtabgabe eines Prüfungsurteils

---

[166] Vgl. § 274 Abs 1 UGB
[167] Vgl. § 274 Abs 1 Z 3 UGB
[168] Vgl. § 274 Abs 1-2 UGB

Beteiligung

Anteile an Unternehmen, die dazu bestimmt sind, dem Unternehmen durch langfristige Verbindungen zu dienen[169].

Beteiligungen: Anteile an verbundenen Unternehmen

Vollkonsolidierte Tochterunternehmen bei der Konzernmutter. Die Konzernmutter hat dabei durch gesellschaftsrechtliche Vereinbarung einen beherrschenden Einfluss. Bei einer Beteiligung (direkt oder indirekt) von zumindest 50 % und einer Stimme oder mehr kann daher von dieser Beteiligung ausgegangen werden[170].

Betriebliche Einkünfte

Die Einkünfteermittlung erfolgt durch die Ermittlung des Gewinns und den Betriebsvermögensvergleich.[171]

Die Einkünfte unterliegen der wirtschaftlichen Zuordnung, d.h. die Einkünfte werden jener Periode zugerechnet, in der diese entstanden sind[172].

---

[169] Vgl. Amely, Krickhahn (2013), S. 368
[170] Vgl. Denk et. al. (2010), S. 147
[171] Vgl. Lang, Unger (2016), S. 15
[172] Vgl. Lang, Unger (2016), S. 13

Betriebliche Einkunftsarten

Einkünfte, die aus selbständiger oder unternehmerischer Tätigkeit stammen, wie Einkünfte aus Land- und Forstwirtschaften, Einkünfte aus selbständigen Arbeiten oder Einkünfte aus Gewerbebetrieben.[173].

Betriebliches Rechnungswesen

Dokumentiert die leistungs- und finanzwirtschaftlichen Sachverhalte, liefert die rechnerische Fundierung unternehmenspolitischer Entscheidungen und trägt zur Rechenschaftslegung gegenüber den Stakeholdern bei[174]. Das betriebliche Rechnungswesen ist Teil der Betriebswirtschaftslehre und dient der strukturierten Erfassung, Darstellung, Dokumentation sowie Kontrolle[175]. Die Teilbereiche des betrieblichen Rechnungswesens sind:

- die Finanzbuchhaltung,
- der Jahresabschluss,
- die Kostenrechnung,
- die betriebliche Statistik sowie,
- die Planungsrechnung[176].

---

[173] Vgl. Lang, Unger (2016), S. 5
[174] Vgl. Auer (2018), S. 2
[175] Vgl. Schaffhauser-Linzatti (2012), S. 15
[176] Vgl. Pilz (2013), S. 19

Betriebsausgaben

Sämtliche Aufwendungen oder Ausgaben, die durch den Betrieb veranlasst wurden.[177]

Betriebsausstattung

Sachenlagen, die als Einrichtung in Werkstätten, Lagerräumen oder Labors dienen[178].

Beispiele: Werkzeuge, Geräte, Fuhrpark etc.

Betriebsfinanzamt

Zuständiges Finanzamt, in dessen Bereich eine Gesellschaft (Personengesellschaft bzw. Körperschaft) den Ort seiner Geschäftsleitung hat[179]. Die Zuständigkeit des Betriebsfinanzamtes umfasst die Einhebung von öffentlichen Abgaben, wie z. B. von Umsatzsteuer, Lohnsteuer, Körperschaftssteuer, Dienstgeberbeiträge, Kapitalertragssteuer, Kammerumlage usw.[180]

---

[177] Vgl. Grünberger (2018), S. 54
[178] Vgl. Denk et. al. (2010), S. 146
[179] Vgl. BfDuW (2019b) Zuständigkeiten der Finanzämter
[180] Vgl. BfDuW (2019b) Zuständigkeiten der Finanzämter

Betriebsergebnis

Saldo von Erträgen und Aufwendungen, die dem operativen Leistungserstellungsprozess des Unternehmens zuzuordnen sind[181]. Somit stellt das Betriebsergebnis sämtliche Erträge und Aufwendungen dar, die der eigentlichen Unternehmenstätigkeit zuzuordnen sind[182].

Betriebsüberleitungsbogen

Instrument der Kostenrechnung, bei den pagatorischen Größen (Aufwände und Erträge) in Kosten und Leistungen übergeleitet werden[183].

Betriebsvermögensvergleich (nach § 4 Abs. 1 EStG)

Gewinnermittlungsart (nach § 4 Abs. 1 EStG), bei der sich der Gewinn durch den Unterschiedsbetrag zwischen Betriebsvermögen am Ende der aktuellen Geschäftsperiode und dem Betriebsvermögen am Ende der vergangenen Geschäftsperiode ergibt, addiert um die Summe der Entnahmen und subtrahiert von der Summe der Einlagen[184]. Daher berechnet sich das steuerliche Ergebnis wie folgt:

---

[181] Vgl. Auer (2018), S. 67
[182] Vgl. Schaffhauser-Linzatti (2012), S. 317
[183] Vgl. Schaffhauser-Linzatti (2012), S. 62
[184] Vgl. Denk et. al. (2010), S. 78

Betriebsvermögen am Ende der Geschäftsperiode

- Betriebsvermögen am Ende der vorangegangenen Geschäftsperiode

+ Entnahmen während der Geschäftsperiode

- Einlagen während der Geschäftsperiode

= Steuerliches Ergebnis[185]

Das Betriebsvermögen ist die Differenz aus Gesamtvermögen und Schulden. Eine ordnungsgemäße doppelte Buchführung ist zwingend Voraussetzung für den Betriebsvermögensvergleich[186].

Betriebsvermögensvergleich (nach § 5 Abs. 1 EStG)

Gewinnermittlungsart (nach § 5 Abs. 1 EStG), die ausschließlich bei rechnungslegungspflichtigen Unternehmer/innen anzuwenden ist. Die Ermittlung des steuerlichen Ergebnisses erfolgt ähnlich wie der Betriebsvermögensvergleich nach § 4 Abs. 1 EStG mit dem Unterschied, dass beim Betriebsvermögensvergleich nach § 5 Abs. 1 auch Gewinne bzw. Verluste aus der Veräußerung/Entnahmen sowie sonstige Wertänderungen von Grund und Boden berücksichtigt werden, die bei

---

[185] Abbildung aus Denk et. al. (2010), S. 78
[186] Vgl. Denk et. al. (2010), S. 78

der § 4 Abs. 1 EStG Ermittlung nicht beachtet werden. Der Betriebsvermögensvergleich nach § 5 Abs. 1 setzt somit die Rechnungslegungspflicht nach § 198 UGB voraus.[187]

Betriebsstätte

Als Betriebsstätte zählt jede feste örtliche Anlage oder Einrichtung, die der Ausübung eines Betriebes oder wirtschaftlichen Geschäftsbetriebes dient (z. B. Zweigniederlassungen, Warenlager, Fabrikstätten, ...).[188]

Betriebsstoffe

Materialien, die nicht in das Produkt einfließen, jedoch zur Produktion benötigt werden. Betriebsstoffe werden in den Vorräten in der Bilanz ausgewiesen[189].

Beispiele: Schmiermittel, Reinigungsmittel, Strom, ...

Betriebsvermögen

Bezeichnet die Summe aller dem Unternehmen zurechenbaren Wirtschaftsgüter.[190]

---

[187] Vgl. Denk et. al. (2010), S. 79
[188] Vgl. § 29 Bundesabgabenordnung
[189] Vgl. Denk et. al. (2010), S. 226
[190] Vgl. Becker et. al (2011), S. 30

Betriebsvermögenvergleich

Steuerliche Gewinnermittlungsart, welche häufig auch als doppelte Buchführung bezeichnet wird. Diese Gewinnermittlungsart ist für Kapitalgesellschaften immer verpflichtend und kann bei Überschreitung bestimmter Umsatzgrenzen auch für weitere Personen- und Kapitalgesellschaften verpflichtend werden. Der Gewinn bzw. Verlust ergibt sich aus der Differenz von Betriebseinnahmen und Betriebsausgaben über die Gewinn- und Verlustrechnung unabhängig vom Zahlungszeitpunkt der Forderung bzw. Verbindlichkeit[191].

Bewerten

Prozess der monetären Wertzuordnung zu einem Vermögensgegenstand[192]. Die Wertung ist daher einem Aktiv- oder Passivposten (Wert = Geldbetrag) zuzuordnen[193].

Bewertung

Bilanzierungsprozess, der die Frage beantwortet, in welcher Höhe ein Vermögensgegenstand in die Bilanz aufgenommen wird. Der anzuwendende Bewertungsmaßstab ist in Abhängigkeit vom jeweiligen Rechnungslegungsstandard. Beim

---

[191] Vgl. WKO (2019) Gewinnermittlung für Unternehmer/innen
[192] Vgl. Schaffhauser-Linzatti (2012), S. 89
[193] Vgl. Schneider (2016), S. 14

Kauf erfolgt die Bewertung zu Anschaffungskosten oder Herstellungskosten, am Bilanzstichtag erfolgt die Bewertung aus Basis von Anschaffungskosten, Herstellungskosten oder Marktwert.[194]

Bewertungspolitik

Konzept zur Steuerung der Höhe von Bilanzposten durch die Ausnützung von Bewertungswahlrechten.[195]

Bewertungsstetigkeit

Die Bewertungsmethoden des Vorjahresabschlusses sind für den aktuellen Jahresabschluss und für zukünftige Jahresabschlüsse beizubehalten[196]. Somit sind die einmal gewählten Bewertungsmethoden zukünftig beizubehalten[197].

Bezugskosten

Kosten, die unmittelbar mit dem Einkauf von Handelswaren zusammenhängen[198].

---

[194] Vgl. Auer (2018), S. 9, 10
[195] Vgl. Becker et. al (2011), S. 31
[196] Vgl. § 201 Abs. 2 Z 1
[197] Vgl. Schneider (2016), S. 14
[198] Vgl. Schneider et. al. (2018), S. 91

Beispiele: Frachtkosten, Zölle, Grenzabgaben, Versicherungen für Transport, Provisionen[199].

Bilanz

Rechnerische stichtagsbezogene Gegenüberstellung von Vermögen (Aktivseite) und Kapital (Passivseite) zu einem bestimmten (mindestens) jährlich stattfindenden Zeitpunkt[200]. Die Aktivseite bildet die Mittelverwendung (Einsatz des investierten Kapitals) und die Passivseite bildet die Mittelherkunft (Herkunft des Kapitals) ab[201]. Die Bilanz ist so zu gliedern, dass ein möglichst getreues Bild der Vermögenslage vermittelt wird[202]. In der Bilanz sind gemäß § 198 Abs. 1 Unternehmensgesetzbuch folgende Positionen gesondert auszuweisen:[203]

- Anlagevermögen
- Umlaufvermögen
- Eigenkapital
- Rückstellungen
- Verbindlichkeiten

---

[199] Vgl. Schneider et. al. (2018), S. 91
[200] Vgl. Denk et. al. (2010), S. 49; Vgl. Pilz (2013), S. 14
[201] Vgl. Denk et. al. (2010), S. 49
[202] Vgl. Urianek (2014), S. 112
[203] Vgl. Aufstellung nach § 198 Abs 1 UGB

- Rechnungsabgrenzungsposten

Im Unterschied zu Gewinn- und Verlustrechnung und dem Cashflow-Statement ist die Bilanz eine Stichtagsrechnung zu einem bestimmten Bilanzstichtag. Die Bilanz zeigt somit das Vermögen und Kapital zum Ende des Wirtschaftsjahres (in der Regel zum 31.Dezember) auf.[204]

Bilanzadressat/innen

Personengruppen, die umfangreiche und detaillierte Informationen über die Vermögens-, Finanz- und Ertragslage des Unternehmens erhalten. Die wichtigsten Bilanzadressaten/Bilanzadressatinnen sind die Eigenkapitalgeber/innen, die Fremdkapitalgeber/innen, die Mitarbeiter/innen des Unternehmens, der Staat (Behörden) sowie die Öffentlichkeit.

Die Eigenkapitalgeber/innen sind die Anteilseigner/innen (Gesellschafter/Gesellschafterinnen bzw. Eigentümer/Eigentümerinnen) des Unternehmens und haben umfassende Rechte, Einblicke in die Vermögens-, Ertrags- und Finanzlage zu erhalten. Für Fremdkapitalgeber/innen (beispielsweise für Kreditinstitute) ist die Beurteilung der Zahlungsfähigkeit des Unternehmens das zentrale Kriterium. Mitarbeiter/innen nut-

---

[204] Vgl. Auer (2018), S. 4

zen den Jahresabschluss, um Einblicke der Entwicklung sowie Zukunftsperspektiven abzuleiten. Der Staat (beispielsweise die Finanzbehörde) zeigt aufgrund der Steuerbemessungsfunktion ebenso Interesse am Unternehmen. Für die Öffentlichkeit ist der Jahresabschluss auch eine wichtige Informationsquelle, der häufig dazu verwendet wird, um über die Entwicklungen des Unternehmens zu berichten.[205]

Bilanzanalyse

Auswertung des Jahresabschlusses sowie weiteren Unternehmensinformationen durch Kennzahlen.[206] Das Ziel der Bilanzanalyse ist es, Erkenntnisse über die Vermögens-, Finanz- und Ertragslage zu gewinnen, indem Daten so aufbereitet werden, dass sinnvolle Aussagen über die wirtschaftliche Situation des Unternehmens abgebildet werden können.[207]

---

[205] Pilz (2013), S. 21-22
[206] Vgl. Becker et. al (2011), S. 33
[207] Vgl. Becker et. al (2011), S. 33

Bilanzänderung

Nachträgliche Änderung der Bilanz, wenn Bilanzposten feh-
len, Bilanzposten der Höhe nach unrichtig sind oder Bilanzposten zu Unrecht aufgenommen wurden.[208] Kennzeichnend
für die Bilanzänderung ist die Tatsache, dass ein zulässiger
Bilanzansatz durch einen anderen zulässigen Bilanzansatz
ersetzt wird.[209]

Bilanzarten

Eine Kategorisierung der Bilanz kann in die folgenden Teilbereiche erfolgen:

- Bilanzierungsanlass (ordentliche Bilanzen, Sonderbi-
  lanzen),
- Bilanzierungszeitraum (Jahresbilanz, Halbjahresbi-
  lanz, Quartalsbilanz, Monatsbilanz),
- Bilanzinhalt (Bewegungsbilanz, Beständebilanz),
- Anzahl der eingezogenen Unternehmen (Einzelbilanz,
  Konzernbilanz),
- Bilanzempfänger/in (interne/externe Bilanzen)[210].

---

[208] Vgl. Grünberger (2018), S. 54
[209] Vgl. Grünberger (2018), S. 54
[210] Vgl. Becker et. al (2011), S. 33

Hinsichtlich der Adressat/innen werden interne und externe Bilanzen unterschieden. Interne Bilanzen sind für unternehmensinterne Zwecke und dienen der Einschätzung der zukünftigen Vermögens- und Ertragslage. Externe Bilanzen werden für außenstehende Personen und Institutionen erstellt. Man unterscheidet dabei veröffentlichte Bilanzen (z. B. für Investor/innen) und nicht veröffentlichte Bilanzen (z. B. für das Finanzamt, Banken, …).[211]

Bilanzberichtigung

Nachträgliche Korrektur der Bilanz aufgrund der Anwendung eines unrichtigen Bilanzansatzes.[212]

Bilanzfälschung

Bilanzdelikt und Verstoß gegen den Grundsatz der Bilanzwahrheit. Dadurch werden Vermögens-, Ertrags- und Finanzlagen des bilanzierenden Unternehmens unrichtig ausgewiesen. Ein Ziel solcher strafrechtlich relevanten Manipulationen ist die Vortäuschung günstigerer Verhältnisse.[213]

---

[211] Vgl. Pilz (2013), S. 19
[212] Vgl. Grünberger (2018), S. 54
[213] Vgl. Wirtschaftslexikon Gabler (2024) Bilanzfälschung | https://wirtschaftslexikon.gabler.de/definition/bilanzfaelschung-28587

Bilanzgewinn

Positiver Saldo, der nach Verwendung des Jahresüberschusses zur Ausschüttung (bzw. Entnahme) den Gesellschafter/innen unter Berücksichtigung von Rücklagenveränderungen zur Verfügung steht[214].

Bilanzgliederung

Die allgemeine Gliederung und Inhalt der Bilanz ist in § 196 UGB definiert. Die dort festgeschriebenen Regelungen besagen, dass folgende Bilanzpositionen der GoB entsprechend klar und übersichtlich darzustellen sind:

- Anlagevermögen,
- Umlaufvermögen,
- Eigenkapital,
- Rückstellungen,
- Verbindlichkeiten und
- Rechnungsabgrenzungen (aktive und passive)[215].

Gesetzlich geregelt ist die Gliederung der Bilanz für Kapitalgesellschaften: [216]

---

[214] Vgl. Denk et. al. (2010), S. 479
[215] Vgl. § 196 Abs. 1 UGB
[216] Nach § 224 UGB Abs 2-3 UGB

<u>AKTIVSEITE:</u>

A. Anlagevermögen:

I. Immaterielle Vermögensgegenstände:

1. Konzessionen, gewerbliche Schutzrechte und ähnliche Rechte und Vorteile sowie daraus abgeleitete Lizenzen;

2. Geschäfts(Firmen)wert;

3. geleistete Anzahlungen;

II. Sachanlagen:

1. Grundstücke, grundstücksgleiche Rechte und Bauten, einschließlich der Bauten auf fremdem Grund;

2. technische Anlagen und Maschinen;

3. andere Anlagen, Betriebs- und Geschäftsausstattung;

4. geleistete Anzahlungen und Anlagen in Bau;

III. Finanzanlagen:

1. Anteile an verbundenen Unternehmen;

2. Ausleihungen an verbundene Unternehmen;

3. Beteiligungen;

4. Ausleihungen an Unternehmen, mit denen ein Beteiligungsverhältnis besteht;

5. Wertpapiere (Wertrechte) des Anlagevermögens;

6. sonstige Ausleihungen.

B. Umlaufvermögen:

I. Vorräte:

1. Roh-, Hilfs- und Betriebsstoffe;

2. unfertige Erzeugnisse;

3. fertige Erzeugnisse und Waren;

4. noch nicht abrechenbare Leistungen;

5. geleistete Anzahlungen;

II. Forderungen und sonstige Vermögensgegenstände:

1. Forderungen aus Lieferungen und Leistungen;

2. Forderungen gegenüber verbundenen Unternehmen;

3. Forderungen gegenüber Unternehmen, mit denen ein Beteiligungsverhältnis besteht;

4. sonstige Forderungen und Vermögensgegenstände;

III. Wertpapiere und Anteile:

1. Anteile an verbundenen Unternehmen;

2. sonstige Wertpapiere und Anteile;

IV. Kassenbestand, Schecks, Guthaben bei Kreditinstituten.

C. Rechnungsabgrenzungsposten.

D. Aktive latente Steuern.

<u>PASSIVSEITE:</u>

A. Eigenkapital:

I. eingefordertes Nennkapital (Grund-, Stammkapital);

II. Kapitalrücklagen:

1. gebundene;

2. nicht gebundene;

III. Gewinnrücklagen:

1. gesetzliche Rücklage;

2. satzungsmäßige Rücklagen;

3. andere Rücklagen (freie Rücklagen);

IV. Bilanzgewinn (Bilanzverlust),

davon Gewinnvortrag/Verlustvortrag.

B. Rückstellungen:

1. Rückstellungen für Abfertigungen;

2. Rückstellungen für Pensionen;

3. Steuerrückstellungen;

4. sonstige Rückstellungen.

C. Verbindlichkeiten:

1. Anleihen, davon konvertibel;

2. Verbindlichkeiten gegenüber Kreditinstituten;

3. erhaltene Anzahlungen auf Bestellungen;

4. Verbindlichkeiten aus Lieferungen und Leistungen;

5. Verbindlichkeiten aus der Annahme gezogener Wechsel und der Ausstellung eigener Wechsel;

6. Verbindlichkeiten gegenüber verbundenen Unternehmen;

7. Verbindlichkeiten gegenüber Unternehmen, mit denen ein Beteiligungsverhältnis besteht;

8. sonstige Verbindlichkeiten,

    davon aus Steuern,

    davon im Rahmen der sozialen Sicherheit.

D. Rechnungsabgrenzungsposten.

Bilanzidentität

Grundsatz, dass die Schlussbilanz des vergangenen Wirtschaftsjahres gleich sein muss wie die Eröffnungsbilanz zum nächsten Wirtschaftsjahr[217].

Bilanzierung

Prozess, der über die Aufnahme eines bestimmten Postens in der Bilanz entscheidet. Von Aktivierung spricht man, wenn der Posten auf der Aktivseite angesetzt wird, von Passivierung spricht man, wenn der Ansatz auf der Passivseite erfolgt ist.[218]

Bilanzierungsfähigkeit

Eignung eines Vermögensgegenstandes als Bilanzposten in die Bilanz aufgenommen zu werden[219].

Bilanzierungspflicht

Gebot für den verpflichtenden Ansatz aufgrund gesetzlicher Vorschriften durch Aktivierung auf der Aktivseite oder der Passivierung auf der Passivseite[220].

---

[217] Vgl. Auer (2018), S. 273
[218] Vgl. Denk et. al. (2010), S. 49
[219] Vgl. Denk et. al. (2010), S. 114
[220] Vgl. Denk et. al. (2010), S. 113

Bilanzierungsverbot

Untersagung der Aufnahme eines Postens in die Bilanz[221].

Beispiel: Selbst erstellte immaterielle Vermögenswerte dürfen nicht in die Bilanz aufgenommen werden.

Bilanzierungswahlrecht

Bilanzierungshilfe aufgrund gesetzlicher Vorschriften, die ein Wahlrecht für die Ausübung der Aufnahme des Vermögensgegenstandes vorsieht bzw. die Option für die Nichtbilanzierung ermöglicht.[222] Die Entscheidung der Aufnahme trifft der/die Bilanzierende[223].

Bilanzkennzahlen

Verhältniskennzahlen, die verschiedene Posten der Bilanz durch die Bilanzanalyse in Beziehung setzen.[224] Bilanzkennzahlen sind quantitative Daten, welche die komplexe Realität in konzentrierter, verdichteter Form wiedergeben[225]. Man unterscheidet absolute, relative sowie Index-Kennzahlen[226].

---

[221] Vgl. Denk et. al. (2010), S. 479
[222] Vgl. Denk et. al. (2010), S. 113
[223] Vgl. Denk et. al. (2010), S. 117
[224] Vgl. Denk et. al. (2010), S. 117
[225] Vgl. Weber/Weißenberger (2015), S. 217
[226] Vgl. Weber/Weißenberger (2015), S. 217

Bilanzkontinuität

Einer der Grundsätze ordnungsgemäßer Buchführung und Bilanzierung (GoB)[227]. Dieser Grundsatz besagt, dass gewählte Formen der Darstellung, wie beispielsweise die Gliederung der Bilanz sowie Gewinn- und Verlustrechnung, in den nächsten Jahren beizubehalten sind (materielle Bilanzkontinuität)[228]. Begründete Abweichungen sind im Anhang hinreichend anzugeben und nur in besonderen Fällen (z. B. bei Änderungen von Gesetzen, bei der Erstellung von Sanierungsbilanzen, bei der Konzernaufnahme einer Gesellschaft, durch technische Änderungen oder als Konsequenz einer Betriebsprüfung) erlaubt[229]. Neben der materiellen Bilanzkontinuität umfasst der Grundsatz auch die formelle Bilanzkontinuität. Dieses Prinzip regelt, dass die Eröffnungsbilanz des neuen Geschäftsjahres mit der Schlussbilanz des Vorjahres übereinstimmen muss[230].

---

[227] Vgl. Denk et. al. (2010), S. 58
[228] Vgl. § 223 Abs 1 UGB
[229] Vgl. § 223 Abs 1 UGB, Vgl. Denk et. al. (2010), S. 59
[230] Vgl. Denk et. al. (2010), S. 59

Bilanzklarheit

Grundsatz ordnungsgemäßer Buchführung und Bilanzierung (GoB), der die übersichtliche und klare Darstellung von Aufzeichnungen regelt. Diese klare und übersichtliche Form beinhaltet das Saldierungsverbot, den Grundsatz der Einzelbewertung für Aktiv- und Passivposten sowie das Bruttoprinzip. Eine Saldierung ist nur dann zulässig, wenn eine privatrechtliche Aufrechnung möglich ist. Eine Bilanz ist dann nicht mehr klar dargestellt, wenn Vermögenswerte und Schulden unübersichtlich dargestellt werden, nicht erlaubte Saldierungen vorgenommen werden oder die Bezeichnung von Bilanzpositionen irreführend ist.[231]

Bilanzpolitik

Bewusste zweckorientierte Lenkung von öffentlich zugänglichen Unternehmensdaten durch das systematische Gestalten von vorhandenen Rechnungslegungsspielräumen[232]. Bilanzpolitik kann insbesondere mit dem Jahresabschluss sowie dem Lagebericht hervorgerufen werden[233].

---

[231] Vgl. Denk et. al. (2010), S. 58, 59
[232] Vgl. Weber/Weißenberger (2015), S. 208; Vgl. Colbe et. al (2011), S. 107
[233] Vgl. Colbe et. al (2011), S. 107

Bilanzstichtag

Jener Zeitpunkt, für den die Bilanz erstellt wird und das Vermögen und die Verbindlichkeiten festgestellt werden[234].

Bilanzstruktur

Die Bilanzstruktur wird im Unternehmensgesetzbuch in § 224 UGB geregelt und lautet wie folgt:

(1) AKTIVSEITE:

A. Anlagevermögen:

I. Immaterielle Vermögensgegenstände:

1. Konzessionen, gewerbliche Schutzrechte und ähnliche Rechte und Vorteile sowie daraus abgeleitete Lizenzen;

2. Geschäfts(Firmen)wert;

3. geleistete Anzahlungen;

II. Sachanlagen:

1. Grundstücke, grundstücksgleiche Rechte und Bauten, einschließlich der Bauten auf fremdem Grund;

---

[234] Vgl. Urianek (2014), S. 290

2. technische Anlagen und Maschinen;

3. andere Anlagen, Betriebs- und Geschäftsausstattung;

4. geleistete Anzahlungen und Anlagen in Bau;

III. Finanzanlagen:

1. Anteile an verbundenen Unternehmen;

2. Ausleihungen an verbundene Unternehmen;

3. Beteiligungen;

4. Ausleihungen an Unternehmen, mit denen ein Beteiligungsverhältnis besteht;

5. Wertpapiere (Wertrechte) des Anlagevermögens;

6. sonstige Ausleihungen.

B. Umlaufvermögen:

I. Vorräte:

1. Roh-, Hilfs- und Betriebsstoffe;

2. unfertige Erzeugnisse;

3. fertige Erzeugnisse und Waren;

4. noch nicht abrechenbare Leistungen;

5. geleistete Anzahlungen;

II. Forderungen und sonstige Vermögensgegenstände:

1. Forderungen aus Lieferungen und Leistungen;

2. Forderungen gegenüber verbundenen Unternehmen;

3. Forderungen gegenüber Unternehmen, mit denen ein Beteiligungsverhältnis besteht;

4. sonstige Forderungen und Vermögensgegenstände;

III. Wertpapiere und Anteile:

1. Anteile an verbundenen Unternehmen;

2. sonstige Wertpapiere und Anteile;

IV. Kassenbestand, Schecks, Guthaben bei Kreditinstituten.

C. Rechnungsabgrenzungsposten.

D. Aktive latente Steuern.

(2) <u>PASSIVSEITE:</u>

A. Eigenkapital:

I. eingefordertes Nennkapital (Grund-, Stammkapital);

II. Kapitalrücklagen:

1. gebundene;

2. nicht gebundene;

III. Gewinnrücklagen:

1. gesetzliche Rücklage;

2. satzungsmäßige Rücklagen;

3. andere Rücklagen (freie Rücklagen);

IV. Bilanzgewinn (Bilanzverlust),

davon Gewinnvortrag/Verlustvortrag.

B. Rückstellungen:

1. Rückstellungen für Abfertigungen;

2. Rückstellungen für Pensionen;

3. Steuerrückstellungen;

4. sonstige Rückstellungen.

C. Verbindlichkeiten:

1. Anleihen, davon konvertibel;

2. Verbindlichkeiten gegenüber Kreditinstituten;

3. erhaltene Anzahlungen auf Bestellungen;

4. Verbindlichkeiten aus Lieferungen und Leistungen;

5. Verbindlichkeiten aus der Annahme gezogener Wechsel und der Ausstellung eigener Wechsel;

6. Verbindlichkeiten gegenüber verbundenen Unternehmen;

7. Verbindlichkeiten gegenüber Unternehmen, mit denen ein Beteiligungsverhältnis besteht;

8. sonstige Verbindlichkeiten,

davon aus Steuern,

davon im Rahmen der sozialen Sicherheit.

D. Rechnungsabgrenzungsposten.

Bilanzsumme

Höhe aller Posten der Aktiv- und Passivseite der Bilanz. Die Bilanzsumme ist auf beiden Seiten der Bilanz gleich hoch und zeigt die Größenordnung des Unternehmens. Die Bilanzsumme wird unterhalb der Bilanz auf beiden Seiten angegeben.[235]

Bilanzverkürzung

Geschäftsvorfall, bei dem das Bilanzvolumen sinkt, indem bei einem aktiven Bestandskonto ein Abgang erfolgt und bei einem passiven Bestandskonto ein Abgang erfolgt und somit sowohl der Vermögensposten als auch der Kapitalposten um denselben Betrag sinkt[236]. Bilanzverkürzungen resultieren daher hauptsächlich aus einem Vorgang der Definanzierung (Rückzahlungen von Schulden oder der Vornahme einer Gewinnausschüttung)[237]. *Beispiel: Ein Darlehen wird mittels Barzahlung beglichen*[238].

---

[235] Vgl. Schaffhauser-Linzatti (2012), S. 48
[236] Vgl. Urianek (2014), S. 69; Vgl. Denk et. al. (2010), S. 98
[237] Vgl. Denk et. al. (2010), S. 98
[238] Vgl. Urianek (2014), S. 69

Bilanzverlängerung

Geschäftsvorfall, bei dem das Bilanzvolumen größer wird, indem bei einem aktiven Bestandskonto im Soll ein Zugang erfolgt und bei einem passiven Bestandskonto im Haben ein Zugang erfolgt[239]. Somit erhöht sich sowohl ein Vermögensposten als auch ein Kapitalposten um denselben Betrag[240]. Eine Bilanzverlängerung resultiert daher in den meisten Fällen aus Kreditfinanzierung (beispielsweise durch Gewährung von Zahlung auf Ziel bzw. Aufnahme von Darlehen) oder aus Bareinlagen[241].

Beispiel: Ein Grundstück wird mit einem bestimmten Zahlungsziel angekauft[242].

Bilanzverlust

Negativer Saldo, der sich nach Verwendung des Jahresüberschusses zur Ausschüttung (bzw. Entnahme) unter Berücksichtigung von Rücklagenveränderungen ergibt[243].

---

[239] Vgl. Urianek (2014), S. 69
[240] Vgl. Denk et. al. (2010), S. 98
[241] Vgl. Denk et. al. (2010), S. 98
[242] Vgl. Urianek (2014), S. 69
[243] Vgl. Denk et. al. (2010), S. 479

Bilanzwahrheit

Einer der Grundsätze ordnungsgemäßer Buchführung und Bilanzierung (GoB). Der Grundsatz besagt, dass sämtliche Geschäftsfälle und Vermögensgegenstände wahrheitsgemäß auszuweisen und zu bewerten sind. Dabei sind die Richtigkeit und die Willkürfreiheit von zentraler Bedeutung. Richtigkeit bedeutet, dass der Abschluss auf Belege basiert, die betriebliche Vorgänge den Vorschriften entsprechend wiedergeben. Willkürfreiheit ist dann gegeben, wenn der Bilanzansatz objektiv nachprüfbar ist bzw. der Ansatz der inneren Überzeugung entsprechen[244]. Das Gegenteil der Bilanzwahrheit ist die Bilanzfälschung.

Bonus

Nachträglich gewährter Nachlass (Rabatt) aufgrund getätigter Umsätze eines/einer Unternehmer/in[245], also vom Lieferanten gewährte nachträgliche Vergütungen an bestimmte Abnehmer/innen. Der Bonus ist eine Prämie an den Kunden, die als Gutschrift, Auszahlung oder zusätzliche Warenlieferung gewährt werden.[246]

---

[244] Vgl. Denk et. al. (2010), S. 58-59
[245] Vgl. Zschenderlein (2015), S. 98
[246] Vgl. Gabler Wirtschaftslexikon online (2021), Bonus | https://wirtschaftslexikon.gabler.de/definition/bonus-28242

Break-Even-Point (BEP)

Instrument der Kostenrechnung das jene Menge in Stück ermittelt, bei welcher sämtliche Kosten gedeckt sind und die Gewinnzone erreicht wird. Der Break-Even-Point wird folgendermaßen berechnet:[247]

$$BEP = \frac{Fixkosten}{Preis - variable\ Kosten}$$

Brexit

Der Brexit ist auch für die Buchhaltung von Relevanz, da mit dem Austritt des Vereinigten Königreichs aus der Europäischen Union (= „Brexit") auch umsatzsteuerrechtliche Änderungen im Bereich des grenzüberschreitenden Dienstleistungs- und Warenverkehrs einhergehen. Großbritannien ist seit Februar 2020 grundsätzlich als Drittland zu behandeln. Die steuer- und zollrechtliche Behandlung, als wäre das Vereinigte Königreich ein EU-Mitgliedsstaat, endete mit 31. Dezember 2020. Es handelte sich hierbei um die sogenannte Übergangsfrist zwischen der EU und dem Vereinigten Königreich. Aufgrund der Beendigung dieser Frist wird Großbritannien seit dem 1. Januar 2021 dem Status eines Drittlandes

---

[247] Vgl. Easy Business Training (2009), S. 19

gerecht.[248] Im Dezember 2020 einigte man sich auf ein Abkommen, das dem Handel und der weiteren Kooperation dienen soll (z. B. Nullzollsätze und Nullkontingente für bestimmte Bereiche). Für Nordirland gibt es spezifische Regelungen, z. B. die weitere innergemeinschaftliche Behandlung. Umsatzsteuerrechtlich ist Großbritannien jedoch seit 1. Januar 2021 als Drittland zu behandeln. Im Detail bedeutet dies im Zusammenhang mit Großbritannien:[249]

1. Ausfuhrlieferungen statt innergemeinschaftliche Lieferungen (Ausnahme: Nordirland)

2. Einfuhrlieferungen statt innergemeinschaftlicher Erwerb (Ausnahme: Nordirland)

3. UID-Nummern gelten nicht mehr als UID-Nummern im Sinne eines EU-Mitgliedsstaates (Ausnahme: Nordirland)

4. Abgabe einer Zusammenfassenden Meldung (ZM) nicht mehr erforderlich (Ausnahme: Nordirland)

5. Sonderbestimmungen hinsichtlich der Erstattung der Vorsteuer

---

[248] Vgl. Possard (2022), S. 185
[249] Vgl. BMF (2021) | https://www.bmf.gv.at/public/top-themen/brexit/steuern-brexit.html

Bruttobetrag

Darunter versteht man den Betrag vor Abzug von sämtlichen Steuern[250]. Der Bruttobetrag ist der Rechnungsbetrag inklusive Umsatzsteuer.[251]

Buchen

Prozess der Übertragung von Geschäftsvorfällen in die Bilanz bzw. in die Gewinn- und Verlustrechnung[252].

Buchführung

Bezeichnung für das laufende, systematische, lückenlose Aufzeichnen von Geschäftsvorgängen, die Veränderungen der Vermögens- und Kapitallage bewirken[253]. Die Führung der Bücher umfasst alle Aufzeichnungen für unternehmensbezogene Geschäfte sowie der Vermögenslage.[254] Jedes Unternehmen hat Bücher sachlich und chronologisch zu führen und diese müssen so beschaffen sein, dass Dritte dadurch einen

---

[250] Vgl. BfDuW (2019a) Bruttobetrag
[251] Vgl. Easy Business Training (2009), S. 121
[252] Vgl. Schaffhauser-Linzatti (2012), S. 1458
[253] Vgl. Denk et. al. (2010), S. 43-44; Vgl. Weber/Weißenberger (2015), S. 31
[254] Vgl. § 190 Abs. 1 UGB

Überblick über Geschäftsvorfälle erhalten können und die aktuelle Vermögens-, Finanz, und Ertragslage des Unternehmens vermittelt werden kann.[255] Die Aufzeichnungen müssen zeitgerecht, vollständig, geordnet, richtig und in einer lebenden Sprache geführt werden.[256] Die Buchführung wird unterteilt in die Einnahmen- und Ausgabenrechnung, in die einfache Buchführung und in die doppelte Buchführung[257].

Die Buchhaltung muss so beschaffen sein, dass die Buchungen sowie sonstige Aufzeichnungen unverändert bleiben und in keiner Weise nachträglich verändert können. Der ursprüngliche Inhalt muss daher festgestellt werden können. Unzulässig ist daher beispielsweise Radieren, Überkleben, Löschen oder Überspielen von Belegen oder Buchungen.[258]

Buchführungspflicht

Verpflichtung zu der Führung von Büchern und zu der Bilanzierung für Kapitalgesellschaften sowie für Kommanditgesellschaften, bei denen der/die unbeschränkt haftende Gesellschafter/in eine Kapitalgesellschaft (GmbH/AG) ist. Personengesellschaften, wie z. B. der/die Einzelunternehmer/in oder die Offene Gesellschaft, sind dann buchführungspflichtig,

---

[255] Vgl. § 190 Abs. 1 UGB; Vgl. Weber/Weißenberger (2015), S. 31
[256] Vgl. § 190 Abs. 2-3
[257] Vgl. Denk et. al. (2010), S. 43-44
[258] Vgl. Zschenderlein (2015), S. 28

wenn die Buchführungsgrenzen überschritten werden. Die Buchführungsgrenzen werden dann überschritten, wenn die Umsatzerlöse in zwei aufeinanderfolgenden Jahren € 700.000,- überschreiten oder die Umsatzerlöse innerhalb eines Jahres den Betrag von € 1.000.000,- überschreiten.[259] Letzteres wird in der Praxis häufig das Überschreiten der „Expressschwelle" genannt.

Buchhaltung

Instrument, das sämtliche Bestände wie Vermögens- und Kapitalwerte oder Aufwendungen und Erträge des Unternehmens für einen bestimmten Abrechnungszeitpunkt bzw. Abrechnungszeitraum erfasst und dokumentiert[260].

Buchungssatz

Ausdrucksform der Darstellung, Verarbeitung und Anschreibung eines Geschäftsvorfalles. Ein Buchungssatz besteht in der doppelten Buchführung aus zwei Konten. Das erste Konto wird auf der linken Seite angeschrieben und wird Sollbuchung genannt. Das zweite Konto wird auf der rechten Seite erfasst

---

[259] Vgl. Grünberger (2018), S. 1
[260] Vgl. Lind-Braucher; Müller (2018), S. 9

und wird Habenbuchung genannt. Ein Buchungssatz muss immer aus zwei Konten bestehen.[261]

Buchung

Prozess des Niederschreibens von Geschäftsvorfällen in die Sprache der Buchhaltung[262].

Buchungsanweisung

Bezeichnung für den Prozess des Kodierens von Geschäftsvorfällen[263].

Buchungskreis

Belege werden in der Praxis grundsätzlich bestimmten Buchungskreisen zugeordnet. Der Buchungskreis selbst bildet dabei eine Organisationseinheit des (externen) Rechnungswesens. Ein Buchungskreis gliedert sich meist nach buchhalterischen und steuerrechtlichen Aspekten.

---

[261] Vgl. Urianek (2014), S. 36-37
[262] Vgl. Schaffhauser-Linzatti (2012), S. 145
[263] Vgl. Zschenderlein (2015), S. 54

Buchwert

Wert, mit welchem ein Vermögensgegenstand in der Bilanz zu einem bestimmten Stichtag erfasst ist. Der Buchwert ergibt sich aus den ursprünglichen Anschaffungs- und Herstellungskosten abzüglich der bisherigen planmäßigen und außerplanmäßigen Abschreibungen.[264]

Bundesabgabenordnung (BAO)

Österreichisches Steuergesetz, das die Besteuerungsgrundlagen, das Steuerverfahren sowie die Festsetzung von Steuern regelt[265].

Bürgschaft

Schriftlich abgeschlossener Vertrag, bei dem sich der/die Bürger/in verpflichtet, gegenüber Gläubiger/innen für die Rückzahlung von Verbindlichkeiten des Hauptschuldners (bzw. der Hauptschuldnerin) zu haften[266].

Beispiel: Ein Unternehmen bürgt für sein Tochterunternehmen für einen Bankkredit[267].

---

[264] Vgl. Denk et. al. (2010), S. 479
[265] Vgl. Pilz (2013), S. 195
[266] Vgl. Colbe et. al (2011), S. 164
[267] Vgl. Pilz (2013), S. 51

C

VON

« CASHFLOW »

BIS

« COVID-19-FÖRDERUNGEN »

Cashflow

Saldo der Einzahlungen und Auszahlungen einer Periode[268]. Der Cashflow ist eine Kennzahl der Liquidität und veranschaulicht, wie viele finanzielle Mittel während einer Geschäftsperiode in das Unternehmen hineingeflossen sind bzw. hinausgeflossen sind[269].

Cashflow-Statement

Instrument, das Geschäftsfälle abbildet, welche zu einer Einzahlung oder zu einer Auszahlung führen[270]. Der Cashflow kann in drei Bereiche unterteilt werden:

- Operativer-Cashflow:
  Die durch die laufende operative Geschäftstätigkeit erwirtschafteten liquiden Mittel
- Investitions-Cashflow:
  Ein- und Auszahlungen aus Investitionen/Anlagen
- Finanzierungs-Cashflow:
  Ein- und Auszahlungen aus Finanzierungstätigkeiten[271]

---

[268] Vgl. Denk et. al. (2010), S. 479
[269] Vgl. Schaffhauser-Linzatti (2012), S. 387
[270] Vgl. Auer (2018), S. 103
[271] Vgl. Auer (2018), S. 104, 105

Controlling

Das Controlling wird dem Managementsystem eines Unternehmens zugeordnet. Aufgaben des Controllings sind primär das Steuern, das Kontrollieren und das Planen der verschiedenen Bereiche der unternehmerischen Einheit. Die Informationen, die seitens des (externen) Rechnungswesens bereitgestellt werden, spiegeln sich ebenfalls im Controlling wider.[272]

Corporate-Governance-Bericht

Pflichtbestandteil der Berichterstattung von Aktiengesellschaften, der in Anlehnung an den jeweils gültigen Corporate-Governance-Kodex erstellt werden muss[273]. Daher ist die Nennung des angewendeten Corporate-Governance-Kodex notwendig[274]. Unter Corporate Governance versteht man Werte, Regeln, Grundsätze oder Gewohnheiten der Führung des Unternehmens[275]. Corporate Governance sind ethische Verhaltenskodizes, welche insbesondere die Führung von

---

[272] Vgl. Gabler Wirtschaftslexikon online (2021), Controlling | https://wirtschaftslexikon.gabler.de/definition/controlling-30235
[273] Vgl. § 243c Abs 1 UGB
[274] Vgl. § 243c Abs 1 UGB
[275] Vgl. Schaffhauser-Linzatti (2012), S. 54

Unternehmen regeln und ein sehr hohes Maß an Transparenz vorsehen[276].

COVID-19-Förderungen

Aufgrund des pandemischen Geschehens (= COVID-19-Krise) reagierte der Gesetzgeber in den vergangenen Jahren mit bestimmten staatlichen Fördermaßnahmen, die teils wieder eingestellt wurden. Begrifflich besonders hervorzuheben sind:

1. Ausfallsbonus:
   Mit dem Ausfallsbonus etablierte der Gesetzgeber eine Möglichkeit, trotz COVID-19-Pandemie eine gewisse finanzielle Planbarkeit für Unternehmen zu gewährleisten. Der Ausfallsbonus konnte unter bestimmten Voraussetzungen zusätzlich zu anderen Unterstützungen (z. B. Härtefallfonds oder Fixkostenzuschuss) beantragt werden. Diese Hilfe der Liquidität galt für jene Unternehmen, die mehr als 40 % an Umsatzausfall im Vergleich zum Jahr 2019 aufwiesen.[277] Der Bonus wurde aufgrund der Ausbreitung von COVID-19

---

[276] Vgl. Pilz (2013), S. 197
[277] Vgl. BMF (2021) | https://www.bmf.gv.at/public/top-themen/ausfallsbonus.html

von November 2021 bis März 2022 verlängert (Erlös, je nach Branche, zwischen 10 % und 40 %).

2. <u>Härtefallfonds:</u>

Der Härtefallfonds war eine finanzielle Hilfe für jene Unternehmen, die durch die COVID-19-Krise schwer getroffen wurden. Die Intention war es, diesen Unternehmen durch verschiedene Phasen von Auszahlungen finanzielle Hilfe zu gewähren.[278] Diese Hilfe wurde bis zum März 2022 verlängert und wurde ab 40 % Einkommensrückgang ausbezahlt. Der Erlös betrug bis zu 80 % zzgl. € 100,-. Der Nettoeinkommensentgang durfe maximal € 1.000,- betragen.

3. <u>Fixkostenzuschuss:</u>

Der Fixkostenzuschuss unterteilte sich in zwei Phasen. Der Staat förderte dadurch die Fixkosten, die trotz COVID-19-Pandemie für Unternehmen bestanden. Statt dem Fixkostenzuschuss konnte auch ein Verlustersatz beantragt werden.[279]

---

[278] Vgl. WKÖ (2021) | https://www.wko.at/service/foerderungen/haertefallfonds.html
[279] Vgl. WKÖ (2021) | https://www.wko.at/service/faq-corona-hilfsfonds.html

4. <u>Verlustersatz:</u>

Der Verlustersatz wurde bis März 2022 verlängert. Diese Hilfe hat jene Unternehmen betroffen, die mehr als 40 % an Umsatzausfall im Vergleich zum Jahr 2019 aufwiesen. Der Erlös konnte zwischen 70 % und 90 % betragen. Dies war jeweils von der Größe des Unternehmens abhängig.

5. <u>Umsatzersatz:</u>

Diese Art der Unterstützung war für jene Unternehmen gedacht, die direkt durch staatliche Verbote und Maßnahmen in der COVID-19-Pandemie Nachteile erlitten haben. Die Frist endete mit Januar 2021.[280]

<u>Hinweis zu den staatlichen COVID-19-Förderungen:</u>

Alle geförderten Unternehmen mussten die COVID-19-Bestimmungen einhalten, ansonsten drohte ihnen eine Rückzahlung der Hilfeleistungen. Erhielt ein Unternehmen beispielsweise eine Verwaltungsstrafe wegen diversen Verstößen, z. B. im Zusammenhang mit Zutrittskontrollen in Gastronomiebetrieben, dann mussten die Förderungen für den jeweiligen Monat zurückbezahlt werden.

---

[280] Vgl. WKÖ (2021) | https://www.wko.at/service/faq-corona-hilfs-fonds.html

D

VON

« DARLEHEN »

BIS

« DYNAMISCHE BILANZAUFFASSUNG »

Darlehen

Überlassung von Geld oder anderen verbrauchbaren Sachen, die in der Regel durch einen Darlehensvertrag geregelt sind. Die Rückgabe muss innerhalb einer vereinbarten Zeit erfolgen und es können für die Überlassung Leihgebühren (Zinsen) verrechnet werden.[281]

Dauerauftrag

Anweisung an ein Bankinstitut, regelmäßig gleich hohe Zahlungen in zeitlich regelmäßigen Abständen (z. B. jeden Monat am zweiten Tag) an denselben/dieselbe Empfänger/in zu überweisen[282].

Debitor

Begriff in der Buchhaltung für eine/n Schuldner/in. Aus Sicht des/der Unternehmer/in ist ein Debitor somit ein Kunde, gegenüber dessen eine Forderung besteht.[283]

---

[281] Vgl. BfDuW (2019a) Darlehen
[282] Vgl. Grbenic/Zunk (2019), S. 133
[283] Vgl. Easy Business Training (2009), S. 123

Deckungsbeitrag

Differenz aus Überschuss der Einnahmen gegenüber den variablen Kosten[284]. Ein positiver Deckungsbeitrag wirkt sich positiv für das Unternehmen aus und hilft, die laufenden Fixkosten zu decken[285].

Deckungsbeitragsrechnung

Instrument der Kostenrechnung, das für Planungs- und Kontrollzwecke verwendet wird[286]. Man unterteilt diese in die einstufige Deckungsbeitragsrechnung (Trennung von kurzfristigen variablen Erfolgsgrößen und kurzfristig fixen Erfolgsgrößen) sowie in die mehrstufige Deckungsbeitragsrechnung (Fixkosten werden auf mehrere Stufen aufgeteilt und die variablen Kosten werden direkt auf Produkte, Produktionsbereiche, Produktarten, Absatzbereiche oder Segmente zugerechnet)[287].

---

[284] Vgl. Easy Business Training (2009), S. 123
[285] Vgl. Colbe et. al (2011), S. 193
[286] Vgl. Colbe et. al (2011), S. 194
[287] Vgl. Colbe et. al (2011), S. 194, 195

Derivative Finanzinstrumente

Vertragliche Vereinbarungen, die ein Recht oder eine Pflicht enthalten, ein Bezugsobjekt an einem bestimmten Zeitpunkt zu einem bestimmten Preis zu kaufen oder zu verkaufen. Wenn die Erfüllung des Vertrages noch aussteht, so handelt es sich um ein schwebendes Geschäft, welches bilanziell nicht erfasst wird.[288]

Devisen

Begriff für Zahlungsinstrumente in einer fremden Währung, die nicht bar sind und mittels Bankomatkarte, Kreditkarte oder mittels Bankkontos erfolgen[289].

Disagio

Bezeichnet einen Unterschiedsbetrag zwischen Rückzahlungsbetrag einer Verbindlichkeit (oder Anleihe) und dem Ausgabebetrag[290]. Dieser Unterschiedsbetrag ist ein pauschales Entgelt für die Gewährung des Kapitals[291]. Im UGB wird das Disagio entweder als Rechnungsabgrenzungsposten

---

[288] Vgl. Grünberger (2018), S. 43
[289] Vgl. Schaffhauser-Linzatti (2012), S. 146
[290] Vgl. § 198 Abs 7 UGB
[291] Vgl. Denk et. al. (2010), S. 118

auf der aktiven Seite oder sofort als Aufwand ausgewiesen[292]. Beim Ansatz auf der aktiven Seite ist das Disagio durch jährliche Abschreibungsbeträge zu tilgen[293]. Im Steuerrecht ist das Disagio mit der Verbindlichkeit zu aktivieren und auf die Laufzeit zu verteilen[294].

Dividende

Jener Betrag, der im Rahmen der Gewinnverwendung an die Aktionäre ausgeschüttet wird[295]. Die Dividende ist somit der Gewinnanteil der Aktionäre und unterliegt der Kapitalertragssteuer[296].

Dokumentation

Funktion der Buchhaltung, welche die wertmäßige und mengenmäßige Erfassung und Aufzeichnungen des Vermögens sicherstellt[297]. Die Dokumentationsfunktion ermittelt daher, was gewesen ist[298].

---

[292] Vgl. Denk et. al. (2010), S. 118
[293] Vgl. Denk et. al. (2010), S. 118
[294] Vgl. Denk et. al. (2010), S. 119
[295] Vgl. Colbe et. al (2011), S. 211
[296] Vgl. Easy Business Training (2009), S. 124
[297] Vgl. Schneider et. al. (2018), S. 18
[298] Vgl. Schneider et. al. (2018), S. 17, 18

Doppelbesteuerung

Terminus für die Besteuerung des Steuerpflichtigen durch mehrere Staaten[299]. Durch internationale Abkommen (sogenannte „Doppelbesteuerungsabkommen") hat beispielsweise Österreich mit den wichtigsten Staaten Aktivitäten gesetzt, um die doppelte Besteuerung im Inland und Ausland zu verhindern[300].

Doppelte Buchführung

Buchhaltungssystem, bei dem sämtliche Beträge, Geschäftsfälle und Erfolge zweifach erfasst werden. Die Doppelte Buchführung ist somit ein Betriebsvermögensvergleich durch Gegenüberstellung von Aufwendungen und Erträgen (Gewinn- und Verlustrechnung). Wesentliches Merkmal ist dabei die lückenlose Erfassung der Geschäftsfälle durch die Bestands- und Erfolgskonten (also doppelt). Weiters erfolgt die Verbuchung immer jeweils auf zwei Konten (Konto und Gegenkonto). Die doppelte Buchführung umfasst das Grundbuch (Tag genaue Erfassung der Geschäftsfälle), Hauptbuch (Erfassung nach sachlichem Inhalt) sowie die Nebenbücher.[301]

---

[299] Vgl. BfDuW (2019a) Doppelbesteuerung
[300] Vgl. BfDuW (2019a) Doppelbesteuerung
[301] Vgl. Denk et. al. (2010), S. 46

Beispiele: Lohnbuchhaltung, Anlagenbuchhaltung, Debitoren-buchhaltung, Kreditorenbuchhaltung[302].

Drittlandgebiet

Sämtliche Staaten, die nicht aktive Mitglieder der Europäischen Union sind.[303]

Dubiose Forderungen

Kundenforderungen, bei welchen ein Ausfall der Forderung vermutet wird, jedoch noch nicht sicher ist. Die Bildung von Wertberichtigungen erfolgt aufgrund Schätzungen und resultiert aus ergebnisloser Mahnung oder ergebnisloser Pfändung des Forderungsbetrages.[304]

Durchlaufende Posten

Ausdruck für jene Geldbeträge, die zwar dem Unternehmen zugehen, jedoch in gleicher Höhe an einen Dritten weitergegeben werden müssen. Durchlaufende Posten berühren somit den eigentlichen Betriebszweck nicht.[305]

---

[302] Vgl. Denk et. al. (2010), S. 48-49
[303] Vgl. Gabler Wirtschaftslexikon online (2021), Drittland | https://wirtschaftslexikon.gabler.de/definition/drittland-36330
[304] Vgl. Schneider et. al. (2018), S. 259
[305] Vgl. Gabler Wirtschaftslexikon online (2021), Durchlaufende Posten | https://wirtschaftslexikon.gabler.de/definition/durchlaufende-posten-33484

Beispiel: Umsatzsteuer, die an das Finanzamt abgeführt werden muss.

Durchschnittspreisverfahren

Vorratsbewertungsverfahren, bei welchem anhand der Anfangsbestände sowie Vorratszugänge innerhalb eines Wirtschaftsjahres ein gleitender oder gewogener Durchschnittspreis ermittelt werden kann. Dieser Durchschnittspreis wird für die Bewertung von Endbeständen und Abgängen zu Hilfe genommen.[306]

Durchschnittspreisverfahren (gleitend)

Nach jedem Lagerzugang wird während des gesamten Wirtschaftsjahres ein neuer Durchschnittspreis des jeweils aktuellen Lagerbestandes berechnet. Der wertmäßige Lagerbestand berechnet sich daher aus der verfügbaren Lagermenge multipliziert mit dem aktuellen Durchschnittspreis. Die Bewertung des Verkaufs erfolgt mit dem zum Verkaufsstichtag aktuellen Durchschnittspreis multipliziert mit der verkauften Menge.[307]

---

[306] Vgl. Denk et. al. (2010), S. 480
[307] Vgl. Auer (2018), S. 56

Durchschnittspreisverfahren (gewogen)

Die Berechnung des gewogenen Durchschnittspreisverfahren erfolgt mit dem Vorratswert zu Wirtschaftsjahrbeginn sowie den Vorratswerten sämtlicher Zugänge dividiert durch die gesamte Vorratsmenge.[308]

Durchschnittssatz Gewinnermittlung

Jene Art der Gewinnermittlung für Unternehmer/innen, die weder buchführungspflichtig sind noch freiwillig Bücher führen. Für die Inanspruchnahme der Gewinnermittlung nach Durchschnittssätzen gem. § 17 EStG darf in den vorangegangenen Wirtschaftsjahren die Umsatzschwelle von € 220.000,- nicht überschritten worden sein. Für diese Ergebnisberechnung muss der/die Unternehmer/in nur Aufzeichnungen von Umsatz, Wareneinkäufe sowie Lohnkosten führen. Die restlichen Aufwendungen der Betriebsausgaben werden pauschal durch den Durchschnittssatz von 12 % oder 6 % (je nach Unternehmensbranche) vom Nettoumsatz abgegolten. Die 12%ige Betriebsausgabenpauschale ist der Regelfall. Wenn jedoch der/die Unternehmer/in im Bereich der kaufmännischen oder technischen Beratung, als Aufsichtsrat/Aufsichtsrätin, Haus- und Vermögensverwalter/in, Schriftsteller/in, Vor-

---

[308] Vgl. Auer (2018), S. 56

tragende/r, Erzieher/in, Unterrichtende/r oder als Wissenschaftler/in tätig ist, darf nur die kleine Betriebsausgabenpauschale in Höhe von 6 % geltend gemacht werden.[309]

Die Ermittlung des steuerrechtlichen Ergebnisses erfolgt folgendermaßen:

Nettoeinnahmen

- Nettoausgaben für Roh-, Hilfs- und Betriebsstoffe, Halberzeugnisse

- Personalausgaben inkl. Fremdlöhne

- Beiträge zur Sozialversicherung des/der Unternehmer/in

- Betriebsausgabenpauschale 12 % oder 6 %

___

= **Steuerliches Ergebnis**[310]

Durchschnittssteuersatz

Jener Betrag, der sich aus der Division von Steuerbetrag durch die Bemessungsgrundlage ergibt[311].

___

[309] Vgl. Denk et. al. (2010), S. 79-80
[310] Tabelle in Anlehnung an Denk et. al. (2010), S. 79-80
[311] Vgl. Hilber (2015), S. 6

Dynamische Bilanzauffassung

Auffassung, die besagt, dass Bilanzen aufgrund dessen aufgestellt werden, um den Erfolg eines Unternehmens in den richtigen und einzelnen Wirtschaftsjahren korrekt zuordnen zu können[312].

---

[312] Vgl. Weber/Weißenberger (2015), S. 10

VON

« EBIT »

BIS

« EXPORT »

EBIT

Abkürzung für „Earnings before Interest and Taxes". Damit ist das Ergebnis vor Abzug von Zinsen und (Ertrags-)Steuern gemeint. EBIT ist eine Kennzahl zur Beurteilung der operativen Ertragskraft und wird für eine vergleichende Gewinnanalyse von Unternehmen verwendet.[313].

Eigenbeleg

Anfertigung eines Beleges durch den Unternehmer/die Unternehmerin selbst, wenn Rechnungen oder Quittungen nicht existieren. Dieser soll zumindest die Bestandteile ähnlich einem Originalbeleg enthalten. Die Anerkennung durch das Finanzamt erfolgt häufig nur dann, wenn die Natur der Ausgabe auf die Nichtexistenz eines Beleges begründet, z. B. bei Trinkgeldern[314].

---

[313] Vgl. Colbe et. al (2011), S. 216; Vgl. Auer (2018), S. 67
[314] Vgl. Urianek (2014), S. 17

Eigenkapital

Unter Eigenkapital versteht man sämtliche Mittel die von dem/der Gesellschafter/innen (bzw. Unternehmer/in) zur Verfügung gestellt werden[315]. Das Eigenkapital umfasst sowohl die von außen eingebrachten finanziellen Mittel, sowie die aus dem Unternehmen kommenden und dort belassenen thesaurierten Mittel[316]. Die Gliederung des Eigenkapitals erfolgt in drei verschiedene Bereiche:

- Nennkapital,
- Rücklagen sowie
- Bilanzgewinn/Bilanzverlust[317].

Die Bilanzierung unterscheidet sich zwischen den Unternehmensrechtsformen[318]. Das Eigenkapital unterliegt sowohl dem Wertzuwachs als auch Wertminderungen, da es sich dabei um eine Residualgröße handelt[319]. Im Gegensatz zur Fremdkapitalgläubiger/innen haben Eigner/Eignerinnen von Eigenkapital volle oder im Vergleich größere Informations-, Kontroll- und Stimmrechte. Eigenkapital steht dem Unternehmen prinzipiell unbefristet zur Verfügung und die Vergütung

---

[315] Vgl. Denk et. al. (2010), S. 102
[316] Vgl. Denk et. al. (2010), S. 103
[317] Vgl. Urianek (2014), S. 30
[318] Vgl. Denk et. al. (2010), S. 103
[319] Vgl. Denk et. al. (2010), S. 103

erfolgt in der Regel erfolgsabhängig[320]. Das von den Eigentümern zur Verfügung gestellte Kapital wird grundsätzlich über Einlagen oder über nicht ausgeschüttete Gewinne dem Unternehmen zur Verfügung gestellt[321].

Eigenkapitalquote

Zentrale Kennzahl der Finanzierung des Unternehmens, um die Unabhängigkeit von Fremdkapitalgeber/innen zu gewährleisten. Je höher die Eigenkapitalquote ist, desto stärker ist diese Unabhängigkeit. Die Eigenkapitalquote gibt das Verhältnis von Eigenkapital zur Bilanzsumme (= Gesamtkapital) an.[322]

Eigenverbrauch

Verwendung von Gegenständen, die dem Unternehmer/der Unternehmerin außerhalb des Unternehmens dienen. Folgende Arten von Eigenverbrauch sind in der Buchhaltung zu erfassen:[323]

- Warenentnahmen

---

[320] Vgl. Denk et. al. (2010), S. 103, 104
[321] Vgl. Schaffhauser-Linzatti (2012), S. 48
[322] Vgl. Pilz (2013), S. 59
[323] Vgl. Schneider et. al. (2018), S. 91

Beispiel: Handelswaren werden für private Zwecke entnommen.

- Leistungsentnahmen
  Beispiel: Entnahme von betrieblichen Leistungen: Mitarbeiter/innen arbeiten privat für den/die Geschäftsführer/in.

- Entnahmen von Vermögensgegenständen
  Beispiel: Ein Laptop wird für private Zwecke dem Unternehmen entnommen.

- Nutzung von Vermögensgegenständen im privaten Bereich
  Beispiel: Das Firmenfahrzeug wird am Wochenende für einen Urlaub genutzt[324].

Einfuhrumsatzsteuer

Anlässlich einer Einfuhr anfallende Steuer (Umsatzsteuer), die durch die Zollbehörde festgelegt und erhoben wird[325]. Die Einfuhrumsatzsteuer entsteht immer dann, wenn Gegenstände aus dem Drittlandgebiet in das Inland eingeführt werden[326].

---

[324] Vgl. Schneider et. al. (2018), S. 91
[325] Vgl. Urianek (2014), S. 151
[326] Vgl. Zschenderlein (2015), S. 328

Eingangsrechnung

Beleg, mit welchen dem/der Unternehmer/in die gekauften Waren oder Dienstleistungen in Rechnung gestellt werden[327].

Einkaufspreis

Kaufpreis der Ware, der jedoch nicht sämtliche Kosten der Anschaffung umfasst[328]. Beispielsweise bleiben beim Einkaufspreis die Kosten für den Transport unberücksichtigt und daher umfasst der Einkaufspreis nur die reinen Warenkosten der Anschaffung[329].

Einkommen

Gesamtbetrag der Einkünfte aus den 7 Einkunftsarten (Land- und Forstwirtschaft, selbständiger Arbeit, Gewerbebetrieb, nichtselbständiger Arbeit, Kapitalvermögen, Vermietung und Verpachtung, sonstige Einkünfte) nach Verlustausgleich und nach Abzug der Sonderausgaben, außergewöhnliche Belastungen sowie Freibeträgen[330].

---

[327] Vgl. Grbenic/Zunk (2019), S. 29
[328] Vgl. Schaffhauser-Linzatti (2012), S. 240
[329] Vgl. Schaffhauser-Linzatti (2012), S. 240
[330] Vgl. § 2 Abs 2-3 EStG

Einkommenssteuer

Diese Steuer regelt die Besteuerung des Einkommens von natürlichen Personen. Die Steuer vom zugrundeliegenden Einkommen, die ein/e Steuerpflichtige/r innerhalb eines Kalenderjahres erwirtschaftet hat[331]. Die Einkommenssteuer errechnet sich nach dem jeweiligen Einkommenssteuersatz. Die Einkommenssteuer für Einkünfte aus Arbeitsverhältnissen (nicht selbstständige Tätigkeit) wird Lohnsteuer bezeichnet[332]. Das Einkommen ist in Tarifstufen der Höhe nach gestaffelt und ab dem Jahr 2025 bis zu einem Einkommen von € 13.308,00 ist keine Einkommenssteuer dem Finanzamt abzuführen[333].

Die aktuellen Einkommenssteuertarife aufgrund der Abschaffung der sog. „Kalten Progression" mit Stand 2025 sind:[334]

---

[331] Vgl. § 2 Abs 1 EStG
[332] Vgl. BfDuW (2019a) Einkommenssteuer
[333] Vgl. BfDuW (2019a) Einkommenssteuer
[334] Tabelle aus § 33 Abs 1 EStG

Tarifstufen Einkommenssteuer	Grenzsteuersatz
€ 13.308 und darunter	0 Prozent
über € 13.308 bis € 21.617	20 Prozent
über € 21.617 bis € 35.836	30 Prozent
über € 35.836 bis € 69.166	40 Prozent *(im Jahr 2023 noch 41 %)*
über € 69.166 bis € 103.072	48 Prozent
über € 103.072 bis € 1.000.000	50 Prozent
über € 1.000.000	55 Prozent

Einkommenssteuergesetz (EStG)

Bundesgesetz, das die Besteuerung des Einkommens von natürlichen Personen gesetzlich regelt.

Einkommenssteuerrichtlinien

Rechtsansichten des Bundesministeriums für Finanzen im Bereich der Einkommenssteuer[335].

Einkommenssteuersatz

Der Einkommenssteuersatz ist abhängig vom Gesamteinkommen[336]. Die Einkommenssteuer wird für sämtliche Einkünfte während des Kalenderjahres berechnet und beträgt: [337]

Tarifstufen Einkommenssteuer	Grenzsteuersatz
€ 13.308 und darunter	0 Prozent
über € 13.308 bis € 21.617	20 Prozent
über € 21.617 bis € 35.836	30 Prozent
über € 35.836 bis € 69.166	40 Prozent *(im Jahr 2023 noch 41 %)*
über € 69.166 bis € 103.072	48 Prozent
über € 103.072 bis € 1.000.000	50 Prozent

---

[335] Vgl. Hilber (2015), S. 10
[336] § 33 Abs 1-2 EStG, Vgl. BfDuW (2019a) Einkommenssteuersatz
[337] Tabelle aus § 33 Abs 1 EStG

über € 1.000.000	55 Prozent

Einlage

Überführung von Vermögensgegenständen aus dem Privatbereich von Gesellschafter/innen in das Betriebsvermögen[338].

Einnahme

Betrieblicher Vorgang, der eine Zunahme des Geldvermögens mit sich bringt[339]. Liquidierte Mittel plus Forderungen minus Verbindlichkeiten ergeben das Geldvermögen eines Unternehmens[340]. Einnahmen entstehen daher nicht nur durch Einzahlungen, sondern auch durch die Zunahme von Forderungen oder durch den Rückgang von Verbindlichkeiten[341].

---

[338] Vgl. Denk et. al. (2010), S. 480
[339] Vgl. Denk et. al. (2010), S. 27
[340] Vgl. Amely, Krickhahn (2013), S. 346
[341] Vgl. Amely, Krickhahn (2013), S. 346

Einnahmen-Ausgaben-Rechnung

Gewinnermittlungsverfahren nach § 4 Abs. 3 EStG mit dem Ziel der Ermittlung des steuerlichen Gewinns[342]. Das steuerliche Ergebnis zeigt sich durch die Gegenüberstellung von Einnahmen und Ausgaben, bei dem nur der Geldfluss zum Zeitpunkt der Zahlung erfasst wird[343]. Dadurch ergibt sich der Gewinn bzw. Verlust aus dem Überschuss der Betriebseinnahmen über die Betriebsausgaben oder Verlust durch den Überschuss der Betriebsausgaben über Betriebseinnahmen[344]. Unternehmen dürfen diese Einkünfteermittlung dann anwenden, wenn diese nicht Buchführungspflichtig sind (siehe Betriebsvermögensvergleich)[345].

Das steuerliche Ergebnis berechnet sich daher wie folgt:[346]

zugeflossene Betriebseinnahmen im Wirtschaftsjahr

- getätigte Betriebsausgaben im Wirtschaftsjahr

= Steuerliches Ergebnis

---

[342] Vgl. Denk et. al. (2010), S. 44
[343] Vgl. WKO (2019) Gewinnermittlung für Unternehmer/innen
[344] Vgl. Lang, Unger (2016), S. 19
[345] Vgl. WKO (2019) Gewinnermittlung für Unternehmer/innen
[346] Abbildung in Anlehnung an Denk et. al. (2010), S. 78

Einstandspreis

Preis, der sämtliche Kosten umfasst, die in Beziehung mit dem Einkauf der Waren stehen[347]. Der Einstandspreis entspricht daher den Anschaffungskosten[348].

Einzahlung

Betrieblicher Vorgang, der eine Zunahme des Zahlungsmittelbestandes mit sich bringt[349].

Einzelabschluss

Bezeichnung für den Jahresabschluss eines einzelnen rechtlich selbständigen Unternehmens.[350]

Einzelbewertung

Einer der Grundsätze ordnungsgemäßer Buchführung und Bilanzierung (GoB)[351]. Alle Vermögensgegenstände sowie Schulden sind zum Bilanzstichtag einzeln zu bewerten und zu

---

[347] Vgl. Schaffhauser-Linzatti (2012), S. 240
[348] Vgl. Schaffhauser-Linzatti (2012), S. 240
[349] Vgl. Denk et. al. (2010), S. 26
[350] Vgl. Colbe et. al (2011), S. 225
[351] Vgl. Denk et. al. (2010), S. 58

erfassen.[352] Eine Durchbrechung ist nur in seltenen Fällen möglich wie beispielsweise beim FIFO Verfahren[353].

Einzelkosten

Direkte Kosten, die einem Kostenträger zugeordnet werden können[354]. Einzelkosten sind Gegenstände oder Dienstleistungen, wo der Ort der Leistungserbringung direkt einer Kostenstelle verrechnet werden kann[355]. Einzelkosten in der Kostenrechnung sind insbesondere die Materialeinzelkosten, die Fertigungseinzelkosten, Fertigungslöhne sowie die Sonderkosten der Fertigung[356].

Einzelunternehmer/in

Natürliche Person, die allein ein Unternehmen auf eigenen Namen und Rechnung ein Unternehmen betreibt[357]. Der/die alleinige Eigentümer/Eigentümerin darf Mitarbeiter/innen einstellen, haftet aber unbeschränkt für die gesamten Verbindlichkeiten des Unternehmens[358]. In Österreich gilt, dass es

---

[352] Vgl. § 201 UGB Abs. Abs 2. Z 3
[353] Vgl. Auer (2018), S. 274
[354] Vgl. Schaffhauser-Linzatti (2012), S. 66
[355] Vgl. Schaffhauser-Linzatti (2012), S. 66
[356] Vgl. Zschenderlein (2015), S. 329
[357] Vgl. BfDuW (2019a) Einzelunternehmer/innen
[358] Vgl. BfDuW (2019a) Einzelunternehmer/innen

nicht notwendig ist, die Absicht zu haben, Gewinn zu erzielen, um als Unternehmer/in zu gelten.

Einzelwertberichtigungen

Wertberichtigung von dubiosen Forderungen, welche auf Basis jedes einzelnen Kunden/Kundinnen anhand seiner Bonität erfolgen. Einzelwertberichtigungen werden einzeln untersucht und es wird für den voraussichtlichen Ausfall eine Einzelwertberichtigung gebildet. [359]

Emballagen

Dem Käufer/der Käuferin in Rechnung gestelltes Verpackungsmaterial (Pfandverpackung), wobei dieses dem Verkäufer/der Verkäuferin innerhalb eines Zeitraumes wieder zurückgegeben werden kann und dieser vollen Ersatz dafür bekommt. Emballagen sind also Gebinde bzw. Leihverpackungen in Form von Kisten, Flaschen, Gläser, Fässer etc.[360]

---

[359] Vgl. Schneider et. al. (2018), S. 255, 256, 257
[360] Vgl. Grbenic/Zunk (2019), S. 117

Entgelt

Summe der Geld- bzw. Sachbezüge wie Grundlohn, Sonderzahlungen, Überstundenzuschläge, Zulagen, Zuschläge, Prämien, Sachbezüge, die der/die Arbeitgeber/in dem/der Mitarbeiter/in für seine Arbeitsleistungen ausbezahlt bzw. gewährt[361]. Der/die Arbeitgeber/in muss monatlich dem/der Arbeitnehmer/in zumindest den Mindestgehalt laut dem gültigen Kollektivvertrag ausbezahlen[362]. Die Bezeichnung des Entgeltes der Angestellten heißt Gehalt, die Bezeichnung des Entgeltes der Arbeiter/innen heißt Lohn. Bei Lehrlingen wird der Terminus Lehrlingsentschädigung verwendet[363].

Entnahme

Überführung von betrieblichen Vermögensgegenständen in den privaten Bereich von Gesellschafter/innen[364].

---

[361] Vgl. BfDuW (2019b) Entgelt
[362] Vgl. BfDuW (2019b) Entgelt
[363] Vgl. BfDuW (2019b) Entgelt
[364] Vgl. Denk et. al. (2010), S. 480

Entscheidungsgrundlage

Funktion der Buchhaltung, welche die betrieblichen Entscheidungen in den Bereichen Einkauf, Lager, Finanzierung, sowie Investitionen sicherstellen soll[365]. Die Entscheidungsfunktion stellt somit Informationen für Handlungsalternativen bereit[366].

Entwicklung des Anlagevermögens

Die Darstellung der einzelnen Posten des Anlagevermögens erfolgt durch die Entwicklung des Anlagevermögens im Anhang[367]. Insbesondere sind folgende Veränderungen des laufenden Wirtschaftsjahres anzugeben:[368]

1. Die Anschaffungs- oder Herstellungskosten zum Beginn und Ende des Wirtschaftsjahres.

2. Die Zu- und Abgänge sowie Umbuchungen im Laufe des Wirtschaftsjahres.

3. Die kumulierten Abschreibungen zu Beginn und Ende des Wirtschaftsjahres.

4. Die Ab- und Zuschreibungen des Wirtschaftsjahres.

---

[365] Vgl. Schneider et. al. (2018), S. 18
[366] Vgl. Schneider et. al. (2018), S. 17
[367] Vgl. § 226 Abs 1 UGB
[368] Aufzählung nach § 226 Abs 1 UGB

5. Die Bewegungen in Abschreibungen im Zusammenhang mit Zu- und Abgängen inkl. Umbuchungen im Laufe des Wirtschaftsjahres.

6. Der im Laufe des Wirtschaftsjahres aktivierte Betrag, wenn Zinsen gemäß § 203 Abs. 4 UGB aktiviert werden.

Erfolg

Positives oder negatives Ergebnis des Wirtschaftens eines Unternehmens. Der Erfolg wird mittels einer Erfolgsrechnung berechnet.[369]

Erfolgskonten

Bezeichnung für sämtliche Ertrags- und Aufwandskonten. Der Erfolg spiegelt das Ergebnis der wirtschaftlichen Tätigkeit wider. Dabei gibt es positive wirtschaftliche Tätigkeiten wie die erbrachten Leistungen (die Ertragskonten) und negative wirtschaftliche Tätigkeiten wie der Güter- und Wertverzehr (die Aufwandskonten).[370]

---

[369] Vgl. Zschenderlein (2015), S. 329
[370] Vgl. Urianek (2014), S. 48

Erfolgskonten verändern die Gewinn- und Verlustrechnung und wirken sich somit unmittelbar auf das Eigenkapital aus[371].

Erfolgsneutrale Geschäftsfälle

Jene Geschäftsfälle, bei denen der Erfolg des Unternehmens nicht beeinflusst wird[372]. Bei erfolgsneutralen Geschäftsfällen werden daher nur die aktiven oder passiven Bestandskonten bebucht[373].

Erfolgswirksame Geschäftsfälle

Geschäftsvorfälle, die zu Erfolg führen. Erfolgswirksame Geschäftsfälle führen zu einem Gewinn oder Verlust und entstehen durch Buchungen auf Ertrags- oder Aufwandskonten[374].

Erlass

Schriftliche Anordnungen von Auslegungen der Finanzverwaltung, welche die Rechtsansicht des Bundesministeriums für Finanzen wiedergeben. Diese Anweisungen sind öffentlich abrufbar und existieren zu den bedeutsamsten Gesetzen. Zu

---

[371] Vgl. Lind-Braucher; Müller (2018), S. 48
[372] Vgl. Urianek (2014), S. 48
[373] Vgl. Schaffhauser-Linzatti (2012), S. 154
[374] Vgl. Schaffhauser-Linzatti (2012), S. 158

den wichtigsten Anordnungen zählen die Einkommensteuerrichtlinien, die Körperschaftssteuerrichtlinien und die Umsatzsteuerrichtlinien[375].

Eröffnungsbilanz

Jener buchhalterische Prozess, bei dem die vorhandenen Bestände an Vermögensgegenständen, Schulden und Eigenkapital (die aktiven und passiven Bestandskonten) in das neue Wirtschaftsjahr übertragen werden[376]. Die Eröffnungsbilanz muss mit der Schlussbilanz des vorherigen Geschäftsjahres übereinstimmen.[377]

Erinnerungseuro/Erinnerungscent

Jener Buchwert, der bei vollständig abgeschriebenen Wirtschaftsgütern ersichtlich macht, dass das Anlagegut weiterhin genutzt wird. Der verbleibende Buchwert ist somit 1 Euro/1 Cent.[378]

---

[375] Vgl. Denk et. al. (2010), S. 77, Vgl. Hilber (2015), S. 10
[376] Vgl. Urianek (2014), S. 43
[377] Vgl. § 201 UGB Abs. Abs 2. Z 6
[378] Vgl. Lind-Braucher; Müller (2018), S. 85

Eröffnungsbilanzkonto (EBK)

Hilfsmittelinstrument für die Eröffnung der Bilanz zu Beginn des Geschäftsjahres, das zur Eröffnung der Bestandskonten benötigt wird.[379] Das Eröffnungsbilanzkonto erzeugt die Gegenbuchungen zur Eröffnung der Konten[380].

Erstbewertung

Bewertung eines Vermögensgegenstandes oder einer Schuld zum Zeitpunkt der Aktivierung[381]. Dies ist jener Zeitpunkt, bei welchen der Vermögensgegenstand erstmalig in die Bilanz aufgenommen wird[382].

Ertrag

Betrieblicher Vorgang, der eine Zunahme des Reinvermögens mit sich bringt und auf der rechten Seite der Gewinn- und Verlustrechnung verbucht wird[383].

---

[379] Vgl. Schaffhauser-Linzatti (2012), S. 170
[380] Vgl. Schaffhauser-Linzatti (2012), S. 146
[381] Vgl. Schaffhauser-Linzatti (2012), S. 93
[382] Vgl. Schaffhauser-Linzatti (2012), S. 93
[383] Vgl. Denk et. al. (2010), S. 30; Vgl. Easy Business Training (2009), S. 127

Ertrag ist somit der Wertzugang, der eine Vermehrung des Reinvermögens mit sich bringt. Als Reinvermögen bezeichnet man die Summe des Geldvermögens und die Summe des Sachvermögens. Die Gegenüberstellung von Erträgen und Aufwendungen erfolgt in der Gewinn- und Verlustrechnung. Von einem Jahresüberschuss spricht man, wenn die Erträge betragsmäßig höher sind als die gegenüberstehenden Aufwendungen. Bei einem Jahresfehlbetrag sind die Aufwendungen betragsmäßig höher als die Summe der Erträge während des Wirtschaftsjahres.[384] Dadurch, dass nicht alle Erträge einen Geldfluss mit sich bringen (beispielsweise die Abschreibungen), sind Erträge nicht automatisch Einnahmen[385].

Ertragskonto

Erfolgskonto, bei dem der Erfolg positiv durch die wirtschaftlichen Tätigkeiten beeinflusst wird. Ertragskonten stehen meist im Zusammenhang mit erbrachten Leistungen, wie beispielsweise Warenverkäufen, Mieterträgen oder Zinserträgen.[386] Ertragskonten werden prinzipiell immer auf der Habenseite gebucht und erhöhen durch die Gewinn- und Verlustrechnung das Eigenkapital[387].

---

[384] Vgl. Amely, Krickhahn (2013), S. 346
[385] Vgl. Easy Business Training (2009), S. 127
[386] Vgl. Urianek (2014), S. 48, 50
[387] Vgl. Lind-Braucher; Müller (2018), S. 49

Ertragsstruktur

Analyse der Positionen der Gewinn- und Verlustrechnung mit dem Ziel, Entwicklungen sowie Relationen aufzuzeigen und so Informationen darüber zu erhalten, wie profitabel und rentabel das Unternehmen wirtschaftet[388].

Ertragsteuern

Steuern, die auf Basis des Gewinns (= Ertrag) an den Fiskus zu leisten sind[389].

Beispiele: Einkommenssteuer, Körperschaftssteuer.

Erweiterung

Vermehrung der Substanz des bisherigen Vermögensgegenstandes[390].

---

[388] Vgl. Schaffhauser-Linzatti (2012), S. 80
[389] Vgl. Hilber (2015), S. 4
[390] Vgl. Denk et. al. (2010), S. 130

Eventualverbindlichkeiten

Haftungsverhältnisse, die eine potenzielle Verpflichtung darstellen. Die Inanspruchnahme dieser Verpflichtungen ist jedoch eher unwahrscheinlich. Der Ausweis der Eventualverbindlichkeiten erfolgt beim Einzelunternehmen und bei Personengesellschaften nicht in der Bilanz, sondern unterhalb der Bilanzsumme. Für Kapitalgesellschaften sind erweiterte Ausweispflichten notwendig. Zentrales Merkmal bei der Klassifizierung von Eventualverbindlichkeiten ist, dass keine Hauptschuld des/der Unternehmers/in selbst vorliegt, sondern die Inanspruchnahme nur dann erfüllt wird, wenn der/die Hauptschuldner/in seine/ihre Verpflichtungen nicht erfüllen kann.[391]

Beispiel: Ein Unternehmen A hat eine Eventualverbindlichkeit (Kredit) bei einem Tochterunternehmer B[392]. Die Eventualverbindlichkeit wird beim Unternehmen A nur dann fällig, wenn Tochterunternehmen B den Kredit nicht mehr zurückzahlen kann oder in Zahlungsverzug gerät[393].

---

[391] Vgl. Denk et. al. (2010), S. 104, 105
[392] Vgl. Pilz (2013), S. 51
[393] Vgl. Pilz (2013), S. 51

Externes Rechnungswesen

Umfasst die Bereiche Finanzbuchhaltung (Bilanz, Gewinn- und Verlustrechnung, Anhang) sowie Sonderrechnungen (z. B. Sonderbilanzen)[394]. Das Ziel des externen Rechnungswesens ist die Vermittlung einer möglichst getreuen Vermögenslage und Finanz- und Ertragslage des Unternehmens und dient der Dokumentation und Rechnungslegung[395].

Die zahlenmäßige Abbildung der im Betrieb auftretenden Geld- und Leistungsströme werden durch das externe Rechnungswesen abgebildet, dokumentiert, ausgewertet und zusammengefasst[396]. Zielgruppen des externen Rechnungswesens sind sowohl unternehmensinterne Interessent/innen als auch unternehmensexterne interessierte Personen und/oder Institutionen[397].

Export

Fachausdruck im Warenverkehr, wenn Gegenstände aus dem Inland (ein EU-Staat) in einen Drittstaat (nicht EU-Staat) ausgeführt (befördert oder versendet) werden.[398]

---

[394] Vgl. Denk et. al. (2010), S. 21
[395] Vgl. Denk et. al. (2010), S. 21, 22, 24
[396] Vgl. Zschenderlein (2015), S. 17
[397] Vgl. Schaffhauser-Linzatti (2012), S. 18
[398] Vgl. Hilber (2015), S. 236-237

F

VON

« BADWILL »

BIS

« BÜRGSCHAFT »

Factoring

Forderungsabtretung bzw. Forderungsverkauf an eine Bank oder einen Finanzdienstleister. Durch die Abtretung wird die Liquidität des Unternehmens verbessert, da der Forderungsbetrag von der Factoring-Gesellschaft dem/der Gläubiger/in nach Abzug von Gebühren und Zinsen zeitnah überwiesen wird. Je nach Art verbleibt das Kreditrisiko entweder beim Veräußerer/bei der Veräußerin der Forderung (unechtes Factoring) oder bei der Factoring-Gesellschaft (echtes Factoring).[399]

Faktura

Synonym für den Begriff Rechnung. Eine Faktura ist eine Mitteilung aufgrund des Kaufvertrags fälligen Entgelts.[400]

Fakturierung

Prozess der Rechnungserstellung im Unternehmen.[401]

---

[399] Vgl. Becker et. al (2011), S. 77
[400] Vgl. Gabler Wirtschaftslexikon online (2021), Rechnung | https://wirtschaftslexikon.gabler.de/definition/rechnung-42761?redirectedfrom=34705
[401] Vgl. Becker et. al (2011), S. 78

Familienbonus

Durch den Familienbonus besteht in Österreich die Möglichkeit, die Lohnsteuer oder Einkommenssteuer zu reduzieren. Man spricht dahingehend auch von einem Absetzbetrag der Steuer. Meist wird dieser Bonus im jährlichen Steuerausgleich geltend gemacht. Die Höhe variiert je nach Alter des Kindes (= bei Volljährigkeit des Kindes bis zu € 500,- pro Jahr, ansonsten pro Kind € 1.500,-).[402] Die Steuerreform 2022 sieht eine Erhöhung des Familienbonus Plus von maximal € 1.500,- auf € 2.000,- pro Kind vor.

Fertigerzeugnisse

Vollständig im Unternehmen hergestellte und verkaufsfähige Produkte. Bei der Bewertung ist das strenge Niederstwertprinzip anzuwenden (vom niedrigeren Wert vom Marktpreis oder vom beizulegenden Zeitwert).[403]

Fertigungseinzelkosten

Personalkosten, die dem Kostenträger direkt zurechenbar sind[404].

---

[402] Vgl. Arbeiterkammer Wien (2021), Familienbonus | https://wien.arbeiterkammer.at/beratung/steuerundeinkommen/steuertipps/Familienbonus.html
[403] Vgl. Becker et. al (2011), S. 78
[404] Vgl. Denk et. al. (2010), S. 132

Fertigungsgemeinkosten

Fertigungskosten, welche nicht direkt dem Kostenträger zugeordnet werden können[405].

Beispiele: Strom, Versicherungen, Abschreibungen, Instandhaltungen[406].

FIFO-Verfahren

Vorratsbewertungsverfahren bei dem unterstellt wird, dass zuerst eingegangene Güter auch als erstes verbraucht werden[407]. Am Bilanzstichtag setzt sich der Vorratsbestand aus den zuletzt gekauften bzw. zuletzt hergestellten Vorräten zusammen[408].

Finanzanlagen

Position der Bilanz, welche sämtliche Anteile, Ausleihungen, Beteiligungen und Wertpapiere des Anlagevermögens umfasst[409]. Somit besteht das Finanzanlagevermögen aus Inves-

---

[405] Vgl. Denk et. al. (2010), S. 132
[406] Vgl. Denk et. al. (2010), S. 132
[407] Vgl. Denk et. al. (2010), S. 481
[408] Vgl. Auer (2018), S. 56
[409] Vgl. Becker et. al (2011), S. 80

titeln in fremde Unternehmen oder langfristige Veranlagungen, die in das Finanzergebnis einfließen. Die Bewertung hat mittels gemilderten Niederstwertprinzips bzw. Anschaffungskostenprinzips zu erfolgen[410]. Das Finanzanlagevermögen ist bei Kapitalgesellschaften zwingend in die folgenden Positionen zu unterteilen: [411]

- Anteile an verbundenen Unternehmen
- Ausleihungen an verbundene Unternehmen
- Beteiligungen
- Ausleihungen an Unternehmen, mit deinen ein Beteiligungsverhältnis besteht
- Wertpapiere des Anlagevermögens
- Sonstige Ausleihungen

Ziel von Finanzanlagen ist es, eine langfristige Wertanlage zu haben und dadurch Einfluss auf ein Unternehmen auszuüben[412]. Reine Spekulationsgüter werden daher nicht in den Finanzanlagen ausgewiesen[413].

---

[410] Vgl. Becker et. al (2011), S. 80
[411] Aufstellung aus Denk et. al. (2010), S. 147, 148
[412] Vgl. Kolb (2018), S. 71
[413] Vgl. Kolb (2018), S. 71

Finanzaufwand

Aufwendungen, die Finanzierungs- und Kapitalanlagegeschäfte des Unternehmens betreffen[414]. Zum Finanzaufwand zählen folgende Geschäftsvorfälle:

- Aufwendungen für Zinsen für Bankkredite,
- Abschreibungen, welche Beteiligungen oder Wertpapiere betreffen,
- Verluste aus dem Verkauf von Wertpapieren[415].

Finanzbuchhaltung

Teilsystem des Rechnungswesens, das sich zeitpunktbezogen mit dem Reinvermögen und zeitraumbezogen mit der Gewinn- bzw. Verlustrechnung befasst[416].

Finanzergebnis

Saldo von Erträgen und Aufwendungen, welche Finanzierungs- und Kapitalgeschäfte betreffen[417]. Zu den klassischen

---

[414] Vgl. Auer (2018), S. 86
[415] Vgl. Auer (2018), S. 86
[416] Vgl. Schneider et. al. (2018), S. 17
[417] Vgl. Auer (2018), S. 67

Finanzerträgen zählen Zinserträge, zu den klassischen Aufwendungen zählen Zinsen aus Bankkrediten[418].

Finanzertrag

Erträge, welche die Finanzierungs- und Kapitalanlagegeschäfte des Unternehmens betreffen[419]. Zu den Finanzerträgen zählen folgende Geschäftsfälle:

- Erträge von Dividenden aus Beteiligungen,
- Erträge aus Zinsen von angeschafften Anleihen oder vergebenen Krediten,
- Gewinne aus dem Wertpapierverkauf,
- Erträge durch Wertaufholungen im Finanzvermögen[420].

FinanzOnline

Webbasiertes E-Government-Portal der Finanzbehörde für alle steuerpflichtigen Personen und Institutionen. Dieses Informations- und Transaktionsportal in dem Gebiet der Steuern umfasst sämtliche Steuerkonten und Bescheide von Privat-

---

[418] Vgl. Auer (2018), S. 67
[419] Vgl. Auer (2018), S. 86
[420] Vgl. Auer (2018), S. 86

personen und Unternehmer/innen. Steuererklärungen, Anträge, Anbringen und vieles mehr können online ausgefüllt und der zuständigen Finanzverwaltung direkt übermittelt werden.[421]

Finanzplan

Bericht, der zukünftig erwartete Einnahmen und Ausgaben gegenüberstellt. Berücksichtigt werden dabei nicht nur laufende Ausgaben und Einnahmen, sondern auch außergewöhnliche Ereignisse.[422]

Finanzpolizei

Betrugsbekämpfungseinheit des Finanzministeriums, welche durch Kontrollen gezielt Steuerhinterziehung, Sozialbetrug und organisierte Schattenwirtschaft bekämpfen soll, um die Interessen der Republik Österreich zu wahren. Aufgabe der Finanzpolizei ist es daher, Steuer- und Abgabenbetrug durch Aufsichtsmaßnahmen (Aufsichts- und Kontrolltätigkeiten zum Zwecke der Abgabenerhebung) sowie durch ordnungspoliti-

---

[421] Vgl. BMF (2019) FinanzOnline (FON)
[422] Vgl. Easy Business Training (2009), S. 129

sche Maßnahmen (insbesondere Kontrollen nach dem Sozialbetrugsgesetz und zur Einhaltung des Glücksspielgesetzes) aufzudecken.[423]

Finanzrechnung

Teilsystem des Rechnungswesens, das die Frage beantwortet, ob das Unternehmen mit den bestehenden finanziellen Mitteln die laufenden Ausgaben, Rückzahlungen bzw. Investitionen decken kann. Die Finanzrechnung beschäftigt sich daher mit der Liquidität des Unternehmens.[424]

Finanzstrafgesetz (FinStrG)

Bundesgesetz, dass das Strafrecht und das Strafverfahrensrecht für den Finanzstrafbereich gesetzlich regelt[425].

---

[423] Vgl. BMF (2019) Finanzpolizei
[424] Vgl. Schneider et. al. (2018), S. 17
[425] Finanzstrafgesetz (FinStrG) (2019) Inhaltsverzeichnis

Finanzstruktur

Analyse, welche die Zusammensetzung, die Entwicklung, die Fristigkeit sowie die Umschlagshäufigkeit der Passivseite der Bilanz untersucht[426].

Firma

Ist der in das Firmenbuch eingetragene Name eines/einer Unternehmers/in, unter dem er/sie seine/ihre Geschäfte betreibt und die Unterschrift abgibt.[427]

Firmenbuch

Öffentliches Verzeichnis, das von den Firmenbuchgerichten in Datenbanken geführt wird und aus dem Hauptbuch und der Urkundensammlung besteht. Die Firmenbucheintragungen finden sich im Hauptbuch, die Urkundensammlung beinhaltet sämtliche Urkunden (wie Gesellschaftsverträge), die den Firmenbucheintragungen zugrunde liegen. Die Einsichtnahme und die Anforderung von Auszügen sind für jede Person möglich.[428]

---

[426] Vgl. Schaffhauser-Linzatti (2012), S. 79
[427] Vgl. § 17 Abs 1 UGB
[428] Vgl. BfDuW (2019a) Firmenbuch

Firmenwert

Jener Unterschiedsbetrag, um den die Gegenleistung des Kaufpreises die einzelnen Vermögenswerte abzüglich der Schulden zum Zeitpunkt der Übernahme übersteigt. Die Abschreibung ist, sofern diese nicht verlässlich geschätzt werden kann, gesetzlich linear mit 10 Jahren im Unternehmensgesetzbuch geregelt.[429]

Fiskal-LKW

Als Personenkraftwagen zugelassener Kleinlastkraftwagen, der in die Liste des Finanzministeriums als vorsteuerabzugsberechtigter Kleinlastwagen/Kastenwagen bzw. Pritsche eingetragen ist und dadurch vorsteuerabzugsberechtigt behandelt werden darf. Vorteile des Fiskal-LKW gegenüber einem herkömmlichen Personenkraftwagen sind der Vorsteuerabzug der Anschaffungskosten und der laufenden Kosten. Ein weiterer Vorteil ist, dass die Mindestnutzungsdauer von 8 Jahren nicht greift.[430]

---

[429] Vgl. § 203 Abs 5 UGB
[430] Vgl. Neugebauer (2008), S. 88

Fixkosten

Kosten, die unabhängig vom produzierten Ausmaß und der Nutzung immer anfallen und bleiben[431]. Fixkosten bleiben konstant, unabhängig von der Auslastung des Unternehmens[432].

Beispiele: Abschreibungen von Maschinen, Personalkosten, Mieten, etc.

Flüssige Mittel

Vorhandener Geldbestand, der bei Bedarf kurzfristig in Geld umgewandelt werden kann, um kurzfristige Zahlungsverpflichtungen erfüllen zu können. Flüssige Mittel setzen sich aus folgenden Positionen zusammen:

- Bankguthaben,
- Kassenbestand,
- Sparguthaben,
- erhaltene Schecks sowie
- Fest- und Tagesgelder[433].

---

[431] Vgl. Schaffhauser-Linzatti (2012), S. 339
[432] Vgl. Easy Business Training (2009), S. 129
[433] Vgl. Pilz (2013), S. 50

Folgebewertung

Bewertung von Vermögensgegenständen nach dem Zeitpunkt der erstmaligen Aktivierung in der Bilanz[434].

Forderungen aus Lieferungen und Leistungen

Offene Ansprüche aus Liefer-, Werk-, Dienstleistungsverträgen oder ähnlichen Verträgen. Forderungen aus Lieferungen und Leistungen entstehen aus dem Unternehmensgegenstand und hängen somit eng mit den Umsatzerlösen zusammen.[435]

Forderungen gegenüber verbundenen Unternehmen

Forderungen, die gegenüber vollkonsolidierten Tochterunternehmen bestehen und aufgrund noch nicht beglichener Lieferungen, Leistungserbringungen, (kurzfristige) Ausleihungen oder Gewinnansprüche bestehen[436].

---

[434] Vgl. Schaffhauser-Linzatti (2012), S. 99
[435] Vgl. Denk et. al. (2010), S. 228
[436] Vgl. Denk et. al. (2010), S. 228

Forderungen gegenüber Unternehmen, mit denen ein Beteiligungsverhältnis besteht

Offene Forderungen mit Unternehmen, mit welchen Anteile gehalten werden. Eine Beteiligung wird häufig dann angenommen, wenn zumindest 20 % des Nennkapitals gehalten werden, diese beim Mutterunternehmen jedoch nicht vollkonsolidiert werden.[437]

Forderungen und sonstige Vermögensgegenstände

Vertragliche Ansprüche eines Gläubigers/einer Gläubigerin, die bisher vom Schuldner/von der Schuldnerin noch nicht erfüllt wurden[438]. Dabei unterscheidet man Kapitalforderungen aus Kreditverträgen sowie Forderungen aus Lieferungen und Leistungen[439]. Wenn die Kapitalforderungen einer Laufzeit größer oder gleich fünf Jahre sind, müssen diese im Anlagevermögen als Ausleihungen angesetzt werden. Folgende Unterscheidung von Forderungen und sonstigen Vermögensgegenständen ist bei Kapitalgesellschaften in dem Umlaufvermögen zwingend erforderlich vorzunehmen[440]:

- Forderungen aus Lieferungen und Leistungen

---

[437] Vgl. Denk et. al. (2010), S. 228
[438] Vgl. Denk et. al. (2010), S. 227, 228
[439] Vgl. Denk et. al. (2010), S. 227, 228
[440] Vgl. Auer (2018), S. 278

- Forderungen gegenüber verbundenen Unternehmen
- Forderungen gegenüber Unternehmen, mit denen ein Beteiligungsverhältnis besteht
- Sonstige Forderungen und Vermögensgegenstände

Forderungen mit einer Restlaufzeit größer 12 Monate sind gesondert in der Bilanz auszuweisen.

Forderungsausfall

Zahlungsschwierigkeiten von Kunden/Kundinnen, wodurch offene Rechnungen nicht oder nur zum Teil beglichen werden können.[441]

Forschungsprämie

Ausgaben betreffend Forschung, sofern diese selbst im Betrieb durchgeführt wird, können mit einer Prämie von 14 % unterstützt werden. Es gilt ein Höchstbetrag von 1 Million Euro pro Wirtschaftsjahr und die Forschung muss in einem Betrieb im Inland ausgeführt werden (z. B. experimentelle Forschung).

---

[441] Vgl. Easy Business Training (2009), S. 129

Freibetrag

Jener Betrag, der im Rahmen der Ermittlung der Bemessungsgrundlage abgezogen wird und dadurch steuerfrei wird[442].

Freiberufler/in

Angehörige der freien Berufe unterliegen in Österreich nicht der Gewerbeordnung, sind selbstständig tätig und bilden im Sinne der Rechnungslegungspflicht und des UGB auch buchhalterisch eine Ausnahme. Für diese Berufsgruppen reicht es aus, eine Einnahmen-Ausgaben-Rechnung (EAR) zu erstellen, da sie als Ausnahme in Bezug auf die Rechnungslegungspflicht angesehen werden müssen[443].

Beispiele: Künstler/innen, Notar/innen, Musiker/innen, Steuerberater/innen.

Freigrenze

Jener Höchstbetrag, bis zu dem keine Abgaben abgeführt werden müssen[444]. Wird die Freigrenze überschritten, so wird

---

[442] Vgl. Hilber (2015), S. 7
[443] Vgl. § 189 Abs. 4 UGB
[444] Vgl. BfDuW (2019a) Freigrenze

die gesamte Bemessungsgrundlage der Besteuerung unter-
worfen[445].

Freiwilliger Sozialaufwand

Sozialleistungen des Arbeitgebers/der Arbeitgeberin an
seine/ihre Mitarbeiter/innen.

*Beispiele: Unentgeltliche Teilnahme an Betriebsausflügen,
Geschenke zu besonderen Anlässen (wie z. B. Geburtstag,
Namenstag, Weihnachten, Geburt eines Kindes), unentgeltliche Teilnahme an kulturellen Veranstaltungen, unentgeltliche
oder verbilligte Benützung von Bade- und Saunaanlagen, Be-
triebskindergärten, Büchereien.[446]*

Fremdfinanzierungskosten

Summe der Aufwendungen, die für die Beschaffung und Nutzung von Kapital notwendig sind[447].

Fremdkapital

Finanzielle Mittel, die von außen durch Dritte dem Unternehmen zur Verfügung gestellt werden, unabhängig vom Erfolg

---

[445] Vgl. Hilber (2015), S. 7
[446] Vgl. Lohnsteuerrichtlinien (2019) RZ 667
[447] Vgl. Becker et. al (2011), S. 86

des Unternehmens. Das Fremdkapital steht dem Unternehmen für einen befristeten Zeitraum zur Verfügung und wird innerhalb eines festgelegten Zeitrahmens inklusive Zinsen dem/der Kapitalgeber/in wieder zurückerstattet. Im Falle einer Insolvenz werden die Fremdkapitalverbindlichkeiten zuerst beglichen und dem Eigenkapital vorgereiht. Fremdkapitalzinsen vermindern die Steuerlast aufgrund der aufwandswirksamen Erfassung.[448] Fremdkapital wird auf der passiven Seite der Bilanz ausgewiesen und stellt geborgtes Kapital dar[449].

Fremdkapitalkosten

Anfallende Kosten (Zinsen) für die Beschaffung von befristetem Kapital[450].

Fremdwährungsforderungen

Forderungen, die auf eine andere Basiswährung und nicht auf Euro lauten[451]. Es sind Geldforderungen in einer fremden

---

[448] Vgl. Denk et. al. (2010), S. 103
[449] Vgl. Easy Business Training (2009), S. 129
[450] Vgl. Becker et. al (2011), S. 87
[451] Vgl. Becker et. al (2011), S. 87

Währung, die zu einem bestimmten Stichtag existieren. Forderungen in fremden Währungen werden daher mit dem jeweils aktuellen Kurs der Basiswährung umgerechnet.[452]

Fremdwährungsverbindlichkeiten

Verbindlichkeiten, die auf eine andere Basiswährung und nicht auf Euro lauten[453].

Fristigkeit

Man unterteilt die Fristigkeit in drei Arten: kurz-, mittel- und langfristig[454]. Kurzfristigkeit wird mit unter einem Jahr definiert. Mittelfristig ist der Zeitraum von 1-5 Jahren[455]. Als langfristig wird eine Laufzeit von über 5 Jahren angenommen[456].

---

[452] Vgl. Gabler Wirtschaftslexikon online (2021), Fremdwährungsforderungen | https://wirtschaftslexikon.gabler.de/definition/fremdwaehrungsforderungen-35474
[453] Vgl. Becker et. al (2011), S. 87
[454] Vgl. Becker et. al (2011), S. 87
[455] Becker et. al (2011), S. 87
[456] Becker et. al (2011), S. 87

Funktionen des Jahresabschlusses

Dem Jahresabschluss kommen hauptsächlich folgende drei Funktionen zu:

- Informationsfunktion (Darstellung von Vermögen, Kapital und Erfolg),
- Steuerbemessungsfunktion (Berechnung der Gewinnsteuer),
- Ausschüttungsbemessungsfunktion (Berechnung des auszuschüttenden Bilanzgewinnes)[457].

Funktionen des Rechnungswesens/der Bilanzierung

Die Hauptfunktionen der Bilanz sind die Informationsfunktion, die Dokumentationsfunktion sowie die Gewinnermittlungsfunktion[458]. Die Informationsfunktion umfasst die Darstellung der Vermögens-, Kapital- und Erfolgsstruktur der Bilanz[459].

---

[457] Vgl. Auer (2018), S. 278
[458] Vgl. Denk et. al. (2010), S. 51-52
[459] Vgl. Denk et. al. (2010), S. 51

Die Dokumentationsfunktion dient dazu, Rechenschaft über die Geschäftsvorfälle gegenüber den Anspruchsgruppen abzulegen[460]. Neben den beiden genannten Funktionen ist die Steuerbemessungsfunktion eine zentrale Eigenschaft, die mit der Ausschüttungsbemessungsfunktion einhergeht[461].

Folgende vier Funktionen des Rechnungswesens werden differenziert:

- Buchführung (Zeitraumrechnung),
- Kosten- und Leistungsrechnung (Kalkulation),
- Planung (Vorschaurechnung),
- Statistik (Vergleichsrechnung)[462].

---

[460] Vgl. Denk et. al. (2010), S. 51
[461] Vgl. Denk et. al. (2010), S. 51-52
[462] Vgl. Zschenderlein (2015), S. 17

G

VON

« GEBÜHR »

BIS

« GWG »

Gebühr

Darunter versteht man Geldleistungen mit unmittelbarer Gegenleistung. Das Entgelt steht in unmittelbaren Zusammenhang mit der Inanspruchnahme von staatlichen Serviceleistungen.[463]

Beispiele: Ausstellung von Reisepässen, Kanalanschlussgebühren, Müllabfuhrgebühren.[464]

Gehalt

Vom Dienstgeber/von der Dienstgeberin erhalten Dienstnehmer/innen für die Arbeitsleistung ein Entgelt. Für die Gruppe der Angestellten wird der Begriff für dieses Entgelt als Gehalt bezeichnet.[465]

Geldbeschaffungskosten

Jene Aufwendungen, die für die Beschaffung von Geld anfallen. Betragen die Geldbeschaffungskosten mehr als € 900,-,

---

[463] Vgl. BfDuW (2019a) Abgaben
[464] Vgl. BfDuW (2019a) Abgaben
[465] Vgl. Schneider et. al. (2018), S. 184

so dürfen diese nicht sofort als Aufwand verbucht werden, sondern müssen über die Kreditlaufzeit verteilt werden.[466]

Beispiele: Bearbeitungsgebühren, Vermittlungsprovisionen, Gerichts- und Anwaltskosten.[467]

Geldentnahme

Privatentnahme von Geld in den außerbetrieblichen privaten Bereich durch Bargeldentnahme[468].

Geldvermögen

Das Geldvermögen setzt sich aus den liquiden Mitteln plus Forderungen minus Verbindlichkeiten zusammen. Einnahmen und Ausgaben führen zu Veränderungen des Geldvermögens.[469]

Das Geldvermögen berechnet sich durch folgendes vereinfachtes Schema:[470]

---

466 Vgl. Grünberger (2018), S. 66
467 Vgl. Grünberger (2018), S. 66
468 Vgl. Zschenderlein (2015), S. 135
469 Vgl. Amely, Krickhahn (2013), S. 346
470 Schema aus: Amely, Krickhahn (2013), S. 347

Bargeld (Kassa)

+   Sichtguthaben

= Liquide Mittel

+   Forderungen

-   Verbindlichkeiten

= Geldvermögen

Gemeiner Wert

Bedeutender Begriff aus dem Steuerrecht für die Bewertung von Wirtschaftsgütern[471].

Der gemeine Wert wird durch den Preis bestimmt, der im gewöhnlichen Geschäftsverkehr nach der Beschaffenheit des Wirtschaftsgutes bei einer Veräußerung zu erzielen wäre. Dabei sind alle Umstände, die den Preis beeinflussen, zu berücksichtigen. Ungewöhnliche oder persönliche Verhältnisse sind nicht zu berücksichtigen. Der gemeine Wert wird umgangssprachlich auch als Verkehrswert bezeichnet.[472]

---

[471] Vgl. Becker et. al (2011), S. 89
[472] Vgl. Becker et. al (2011), S. 89

Gemeinkosten

Umlage für jene Kosten, die dem Kostenträger nicht direkt zugeordnet werden können und häufig auch als indirekte Kosten oder Overheadkosten bezeichnet werden[473]. Die Umlage wird durch Zuhilfenahme der Zuschlagskalkulation über Gemeinkostenzuschlagssätze auf die einzelnen Kostenträger oder Kostenstellen umgelegt[474]. Eine direkte Zurechnung ist nicht möglich, weil entweder kein direkter Leistungsbezug besteht oder eine Erhebung unwirtschaftlich wäre[475].

Generalversammlung

Organ bei Gesellschaften mit beschränkter Haftung für die Versammlung von Gesellschafter/innen. Die Generalversammlung beschließt den Jahresabschluss und die Gewinn- und Verlustverteilung.[476] Bei einer GmbH finden sich bei-

---

[473] Vgl. Denk et. al. (2010), S. 132, Vgl. Easy Business Training (2009), S. 130
[474] Vgl. Denk et. al. (2010), S. 132, Vgl. Easy Business Training (2009), S. 130
[475] Vgl. Schaffhauser-Linzatti (2012), S. 66
[476] Vgl. Gabler Wirtschaftslexikon online (2021), Generalversammlung | https://wirtschaftslexikon.gabler.de/definition/generalversammlung-32636

spielsweise folgende Organe: Geschäftsführer/in, ein möglicher Aufsichtsrat und die Generalversammlung mit den Gesellschafter/innen.

Geschäftsvorfall

Transaktionen mit Auswirkung auf die Vermögenssituation, Kapitalsituation oder Ertragssituation eines Unternehmens[477]. Geschäftsvorfälle werden mittels doppelter Buchführung sowohl nach zeitlichen Aspekten als auch nach sachlichen Aspekten erfasst, dokumentiert und geordnet[478].

Geringwertige Wirtschaftsgüter (GWG)

Abnutzbare bewegliche Wirtschaftsgüter, deren Anschaffungskosten (ohne Umsatzsteuer) den Betrag von € 1.000,- nicht übersteigen. Geringwertige Wirtschaftsgüter werden sofort im Jahr der Anschaffung vollständig abgeschrieben, dienen aber dem Unternehmen langfristig[479]. Bis zum 31. Dezember 2019 betrug die Grenze € 400,-. Diese wurde durch die Steuerreform 2020 auf € 800,- angehoben. Eine signifi-

---

[477] Vgl. Weber/Weißenberger (2015), S. 9
[478] Vgl. Pilz (2013), S. 75
[479] Vgl. Auer (2018), S. 283; Vgl. Lind-Braucher; Müller (2018), S. 87

kante Änderung etablierte der Gesetzgeber mit den Maßnahmen der „Ökosozialen Steuerreform" 2022, die auch den GWG-Sektor betreffen. Die GWG-Grenze wurde ab 31.12.2022 für Geschäfts- bzw. Wirtschaftsjahre, die erst nach dem 31.12.2022 beginnen, auf € 1.000,00 netto angehoben. Somit gilt die neue GWG-Grenze seit 01.01.2023. Für eine sofortige Absetzung geringwertiger Wirtschaftsgüter des AV und der Gewinnminderung ist seit diesem Zeitpunkt der Betrag von € 1.000,00 relevant. Gründe hierfür sind vorwiegend wirtschaftspolitische Maßnahmen.

Gesamtkostenverfahren

Darstellungsverfahren der Gewinn- und Verlustrechnung, das die Gesamtleistung des Unternehmens den gesamten Aufwendungen eines Wirtschaftsjahres gegenüberstellt[480].

Die Gliederung des Gesamtkostenverfahrens ist in § 231 Abs 2 UGB geregelt und lautet wie folgt:

1. Umsatzerlöse;

2. Veränderung des Bestands an fertigen und unfertigen Erzeugnissen sowie an noch nicht abrechenbaren Leistungen;

---

[480] Vgl. Denk et. al. (2010), S. 481

3. andere aktivierte Eigenleistungen;

4. sonstige betriebliche Erträge, wobei Gesellschaften, die nicht klein sind, folgende Beträge aufgliedern müssen:

   a) Erträge aus dem Abgang vom und der Zuschreibung zum Anlagevermögen mit Ausnahme der Finanzanlagen;

   b) Erträge aus der Auflösung von Rückstellungen,

   c) übrige;

5. Aufwendungen für Material und sonstige bezogene Herstellungsleistungen:

   a) Materialaufwand,

   b) Aufwendungen für bezogene Leistungen;

6. Personalaufwand:

   a) Löhne und Gehälter, wobei Gesellschaften, die nicht klein sind, Löhne und Gehälter getrennt voneinander ausweisen müssen;

   b) soziale Aufwendungen, davon Aufwendungen für Altersversorgung, wobei Gesellschaften, die nicht klein sind, folgende Beträge zusätzlich gesondert ausweisen müssen:

aa) Aufwendungen für Abfertigungen und Leistungen an betriebliche Mitarbeitervorsorgekassen;

bb) Aufwendungen für gesetzlich vorgeschriebene Sozialabgaben sowie vom Entgelt abhängige Abgaben und Pflichtbeiträge;

7. Abschreibungen:

a) auf immaterielle Gegenstände des Anlagevermögens und Sachanlagen,

b) auf Gegenstände des Umlaufvermögens, soweit diese die im Unternehmen üblichen Abschreibungen überschreiten;

8. sonstige betriebliche Aufwendungen, wobei Gesellschaften, die nicht klein sind, Steuern, soweit sie nicht unter Z 18 fallen, gesondert ausweisen müssen;

9. Zwischensumme aus Z 1 bis 8;

10. Erträge aus Beteiligungen,

davon aus verbundenen Unternehmen;

11. Erträge aus anderen Wertpapieren und Ausleihungen des Finanzanlagevermögens,

davon aus verbundenen Unternehmen;

12. sonstige Zinsen und ähnliche Erträge,

davon aus verbundenen Unternehmen;

13. Erträge aus dem Abgang von und der Zuschreibung zu Finanzanlagen und Wertpapieren des Umlaufvermögens;

14. Aufwendungen aus Finanzanlagen und aus Wertpapieren des Umlaufvermögens, davon haben Gesellschaften, die nicht klein sind, gesondert auszuweisen:

a) Abschreibungen

b) Aufwendungen aus verbundenen Unternehmen;

15. Zinsen und ähnliche Aufwendungen, davon betreffend verbundene Unternehmen;

16. Zwischensumme aus Z 10 bis 15;

17. Ergebnis vor Steuern (Zwischensumme aus Z 9 und Z 16);

18. Steuern vom Einkommen und vom Ertrag;

19. Ergebnis nach Steuern;

20. sonstige Steuern, soweit nicht unter den Posten 1 bis 19 enthalten;

21. Jahresüberschuss/Jahresfehlbetrag;

22. Auflösung von Kapitalrücklagen;

23. Auflösung von Gewinnrücklagen;

24. Zuweisung zu Gewinnrücklagen;

25. Gewinnvortrag/Verlustvortrag aus dem Vorjahr;

26. Bilanzgewinn (Bilanzverlust)

[481]

Geschäftsausstattung

Gegenstände des Sachanlagevermögens, welche die Einrichtung in Verwaltungsstellen darstellen[482].

Beispiele: Auslagen von Geschäftsräumen, Büromöbel, Büromaschinen[483].

Geschäftsjahr

Jene Periode, für den der Jahresabschluss erstellt wird. Dieser Zeitraum darf maximal zwölf Monate umfassen und muss nicht mit dem Kalenderjahr übereinstimmen. Ein vom Kalenderjahr abweichendes Wirtschaftsjahr muss im Einvernehmen mit dem Finanzamt erfolgen. Dauert ein Wirtschaftsjahr kürzer

---

[481] Aus § 231 Abs 2 UGB
[482] Vgl. Denk et. al. (2010), S. 146
[483] Vgl. Denk et. al. (2010), S. 146

als 12 Monate, wird es auch als Rumpfwirtschaftsjahr bezeichnet.[484]

Das Geschäftsjahr ist daher jener Zeitraum, der zwischen
zwei Bilanzstichtagen liegt[485].

Geschäftsvorfälle

Wirtschaftliche Vorgänge, welche sich auf das Unterneh-
mensvermögen auswirken[486].

Gesellschafter/in

Bezeichnung für eine Person, welche an einem Unternehmen
beteiligt ist. Je nach Rechtsform gibt es unterschiedliche
Rechte und Pflichten für Gesellschafter/innen.[487]

Gesellschaftsvermögen

Begriff für die Gesamtheit der Vermögenswerte eines Unternehmens[488].

---

[484] Vgl. Becker et. al (2011), S. 93-94
[485] Vgl. Schaffhauser-Linzatti (2012), S. 45
[486] Vgl. Becker et. al (2011), S. 93
[487] Vgl. Easy Business Training (2009), S. 130
[488] Vgl. Becker et. al (2011), S. 94

Gesellschaftsvertrag

Formfreies Gründungsdokument von Gesellschaften mit beschränkter Haftung (GmbH) und Personengesellschaften (Offene Gesellschaft, Kommanditgesellschaft, Gesellschaft nach bürgerlichem Recht, …). Bei Gesellschaften mit beschränkter Haftung muss der Gesellschaftsvertrag in Form eines Notariatsaktes geschlossen werden. Der Gesellschaftsvertrag bestimmt das Verhältnis der Gesellschafter/innen untereinander in den Themenbereichen Geschäftsführung, Beteiligung an Gewinn- und Verlust, Verhältnisse bei Abstimmungsentscheidungen und Regelungen bei Tod sowie Ausscheiden von Gesellschafter/innen, als auch Liquidation der Gesellschaft.[489]

Gewährleistung

Haftungsverhältnis für fehlerhafte Produkte gegenüber dem Kunden. Durch die mangelhaften Produkte muss das Unternehmen nachträglich Aufwendungen leisten, um die Fehler zu beheben oder das Produkt auszutauschen. Der Gewährleistungsanspruch wird in der Bilanz bei den Rückstellungen ausgewiesen.[490]

---

[489] Vgl. BfDuW (2019a) Gesellschaftsvertrag
[490] Vgl. Pilz (2013), S. 51-52

Gewinn- und Verlust

Am Ende des Wirtschaftsjahres wird anhand des Jahresabschlusses oder einer sonstigen Gewinnermittlung (Einnahmen-Ausgaben-Rechnung oder Pauschalierung) der Gewinn bzw. Verlust des Geschäftsjahres der Gesellschaft berechnet. Der Gewinn oder Verlust eines Wirtschaftsjahres wird im Verhältnis der Kapitalanteile der Gesellschafter/innen oder nach Bestimmungen des jeweiligen Gesellschaftsvertrags den Gesellschafter/innen zugewiesen.[491]

Gewinn- und Verlustkonto

Konto, dass die Salden sämtlicher Aufwands- und Ertragskonten sammelt. Das Gewinn- und Verlustkonto weist auf der Sollseite sämtliche Erträge auf und auf der Habenseite sämtliche Aufwendungen auf. Somit kann das Konto positiv sein (= Gewinn, wenn die Summe aller Erträge größer ist als die Summe sämtlicher Aufwendungen) oder negativ sein (= Verlust, wenn die Summe der Aufwendungen größer ist als die Summe der Erträge).[492]

---

491 Vgl. § 120, § 121 Abs. 1 UGB
492 Vgl. Urianek (2014), S. 53

Gewinn- und Verlustrechnung

Gegenüberstellung von Aufwendungen und Erträgen eines Wirtschaftsjahres, die Auskunft über die Änderungen des Wertbestandes gibt[493]. Die Gewinn- und Verlustrechnung ermittelt den Erfolg der abgelaufenen Geschäftsperiode[494]. Die Gewinn- und Verlustrechnung kann entweder nach dem Gesamtkosten- oder dem Umsatzkostenverfahren erstellt werden und ist eine Periodenrechnung, das heißt, dass sie die Unternehmensleistung des gesamten Wirtschaftsjahres abbildet[495]. Diese Erfolgsrechnung stellt somit dar, welche Umsätze das Unternehmen erzielt hat, für was Geld ausgegeben wurde und welche Erträge und Aufwendungen erbracht wurden[496].

Gewinnausschüttung

Ereignis der Auszahlung von Gewinnanteilen bei Kapitalgesellschaften und Personengesellschaften. Bei Kapitalgesellschaften erfolgt diese im Rahmen der Gewinnverwendung,

---

[493] Vgl. Denk et. al. (2010), S. 481
[494] Vgl. Denk et. al. (2010), S. 481
[495] Vgl. Auer (2018), S. 4
[496] Vgl. Pilz (2013), S. 18

bei Personengesellschaften erfolgt diese über die Gewinn- und Verlustrechnung.[497]

Die Gewinnausschüttung ist die Auszahlung des Gewinns an die Eigentümer des Unternehmens. Bei Aktiengesellschafter/innen wird der Prozess der Gewinnauszahlung häufig als Dividende bezeichnet.[498]

Gewinnermittlungsarten

Das Steuerrecht unterscheidet die folgenden vier Gewinnermittlungsarten:[499]

- § 4 Abs. 1 EStG (Betriebsvermögensvergleich)
- § 4 Abs. 3 EStG (Einnahmen-Ausgaben-Rechnung)
- § 5 Abs. 1 EStG (Betriebsvermögensvergleich)
- § 17 EStG (Pauschalierung)

Gewinnfreibetrag

Betrag, der als fiktive Betriebsausgabe den steuerlichen Gewinn mindert[500]. Den Freibetrag können natürliche Personen

---

[497] Vgl. Becker et. al (2011), S. 95
[498] Vgl. Schaffhauser-Linzatti (2012), S. 51
[499] Vgl. Denk et. al. (2010), S. 77
[500] Vgl. Lang, Unger (2016), S. 29

im Rahmen der Gewinnermittlung in Anspruch nehmen[501]. Es gibt zwei verschiedene Arten, nämlich den Grundfreibetrag und den investitionsbedingten Gewinnfreibetrag[502]. Der Grundfreibetrag kann bis zu einer Bemessungsgrundlage (= bisher ermittelter steuerlicher Gewinn) von 33.000 Euro in Anspruch genommen werden und beträgt ab dem Jahr 2024 15 % der Bemessungsgrundlage (maximaler Höchstbetrag somit 4.950 Euro). Dieser Freibetrag steht natürlichen Personen auch ohne Investitionserfordernis zu[503]. Ist die Bemessungsgrundlage höher als 33.000 Euro, kann der investitionsbedingte Freibetrag in Anspruch genommen werden. Der Gewinnfreibetrag ist gestaffelt und beträgt mit Stand 31.12.2024:[504]

- Für die ersten 145.000 Euro der Bemessungsgrundlage 13 %,

- für die nächsten 175.000 Euro der Bemessungsgrundlage 7 %,

- für die nächsten 230.000 Euro der Bemessungsgrundlage 4,5 %,

- insgesamt somit höchstens 46.400 Euro im Veranlagungsjahr.

---

[501] Vgl. Lang, Unger (2016), S. 29
[502] Vgl. § 10 Abs 1
[503] Vgl. § 10 Abs 1
[504] Originalzitat aus § 10 Abs 1 Z 2 EStG

Bei Inanspruchnahme des investitionsbedingten Freibetrages müssen begünstige Wirtschaftsgüter, wie beispielweise neue, abnutzbare und körperliche Wirtschaftsgüter des Anlagevermögens, mit mindestens 4 Jahre Nutzungsdauer (bei Fristenberechnung von Tag zu Tag) in Betrieb genommen werden.[505]

Gewinnsteuern

Steuern, die auf Basis des Unternehmenserfolges bemessen werden[506].

Beispiele: Einkommenssteuer, Körperschaftssteuer.

Gewinnthesaurierung

Bezeichnung für die Einbehaltung des ausschüttbaren Gewinns zur Selbstfinanzierung des Unternehmens[507].

Gewinnverwendung

Prozess, der sich mit der Verteilung und Verwendung des Jahresergebnisses beschäftigt[508]. Dabei entscheiden (je nach Rechtsform und Satzung) die dafür vorgesehenen Organe,

---

[505] Vgl. Lang, Unger (2016), S. 29
[506] Vgl. Hilber (2015), S. 5
[507] Vgl. Schaffhauser-Linzatti (2012), S. 51
[508] Vgl. Colbe et. al (2011), S. 323

welchen Betrag im Rahmen der Dividende an die Aktionäre ausgeschüttet wird und welcher Betrag dem Kapitalkonto zugewiesen wird[509]. Je nach Entstehung werden dabei Kapitalrücklagen und Gewinnrücklagen unterschieden.[510]

Gewinnvortrag

Finanzielle Größe, die von der Gewinnausschüttung des Vorjahres noch nicht tatsächlich ausgeschüttet wurde[511].

Gezeichnetes Kapital

Nennwert der Einlage, die von dem/der Gesellschafter/in des Unternehmens stammt[512]. Das gezeichnete Kapital wird je nach Rechtsform unterschiedlich bezeichnet. Bei Gesellschaften mit beschränkter Haftung wird das gezeichnete Kapital als Stammkapital bezeichnet und bei Aktiengesellschaften als Grundkapital[513].

---

[509] Vgl. Colbe et. al (2011), S. 323
[510] Vgl. Schneider et. al. (2018), S. 277, 278; Vgl. Colbe et. al (2011), S. 323
[511] Vgl. Schaffhauser-Linzatti (2012), S. 329
[512] Vgl. Amely, Krickhahn (2013), S. 372
[513] Vgl. Amely, Krickhahn (2013), S. 372

Gläubiger/in

Jene Person(en) oder Unternehmen, die gegenüber einer anderen Partei Ansprüche hat[514]. Gläubiger/innen haben somit offene Forderungen gegenüber dem/der Vertragspartner/in[515].

GläubigerInnen-Schutz

Maßnahmen zum Schutz von Anspruchspersonen[516].

GmbH (gründungsprivilegiert)

Bis zum 31. Oktober 2023 war es in Österreich möglich, für eine GmbH, die neu gegründet wurde, in diesem Zusammenhang eine sogenannte „Gründungsprivilegierung" in Anspruch zu nehmen. Mit dem Gesellschaftsrechts-Änderungsgesetz 2023 wurde diese Möglichkeit unterbunden. Das Mindestnennkapital einer GmbH betrug grundsätzlich € 35.000,-, aber im Gesellschaftsvertrag konnte bis Oktober 2023 vereinbart werden, dass die Stammeinlagen zunächst auf € 10.000,- beschränkt werden, wobei das Stammkapital in einem bestimmten Zeitrahmen auf € 35.000,- erhöht werden musste. Die

---

[514] Vgl. BfDuW (2019a) Gläubiger
[515] Vgl. Easy Business Training (2009), S. 132
[516] Vgl. Becker et. al (2011), S. 97

Hälfte davon, also € 5.000,-, mussten bar sofort entrichtet werden. Sacheinlagen diesbezüglich waren ausgeschlossen. Dieses Privileg hatte eine zeitliche Befristung, nämlich bestand dieses für maximal zehn Jahre ab firmenbuchrechtlicher Gesellschaftseintragung.[517] Mit der Etablierung der Bestimmungen des FlexKapGG im Jahr 2023 wurden die bestehenden Regelungen geändert.

Going-Concern-Prinzip

Bei der Bilanzierung und Bewertung ist grundsätzlich von der Fortführung des Unternehmens auszugehen.[518] Dies gilt solange als erfüllt, solange dafür keine Gründe dagegensprechen.[519] Bei der Bewertung von Vermögensgegenständen ist daher von bestimmungsgemäßer Verwendung auszugehen und die Bewertung darf nicht zu Liquidationswerten erfolgen[520].

---

[517] Vgl. WKO Österreich (2021), GmbH | https://www.wko.at/service/wirtschaftsrecht-gewerberecht/Gesellschaft_mit_beschraenkter_Haftung_(GmbH).html
[518] Vgl. § 201 UGB Abs. Abs 2. Z 2
[519] Vgl. § 201 UGB Abs. Abs 2. Z 2
[520] Vgl. Auer (2018), S. 275

Grenzsteuersatz

Jener Steuersatz, der auf dem letzten Teil der Bemessungsgrundlage angewendet wird[521]. Der Grenzsteuersatz stellt somit dar, in welcher Höhe jeder zusätzlich verdiente Euro besteuert wird[522].

Größenklassen (Kapitalgesellschaften)

Nachfolgend werden die Größenklassen definiert. Eine Größenklasse wird dann erreicht, wenn mindestens zwei der folgenden 3 Kriterien einer Stufe erfüllt werden:[523]

Kriterium	Bilanzsumme €	Umsatzerlöse €	ArbeitnehmerInnen
Kleinstkapitalgesellschaften	< 0,35 Mio.	< 0,7 Mio	< 10
Kleine Kapitalgesellschaften	< 5 Mio.	< 10 Mio.	< 50
Mittelgroße Kapitalgesellschaften	< 20 Mio.	< 40 Mio.	< 250

---

[521] Vgl. Hilber (2015), S. 6
[522] Vgl. Hilber (2015), S. 6
[523] Aus § 221 Abs 1-3 UGB

Große Kapitalgesellschaften	> 20 Mio.	> 40 Mio.	> 250

Wird eine bestimmte Kapitalgesellschaft erstmalig in zwei aufeinanderfolgen Jahren erreicht, treten die damit einhergehenden Rechtsfolgen ab dem folgenden Wirtschaftsjahr ein[524].

Grundkapital

Begriff für das gezeichnete Kapital bei Aktiengesellschaften[525].

Das Nennkapital von Aktiengesellschaften beträgt mindestens € 70.000,- und die daraus resultierenden Anteile nennt man Aktien. Eine Aktie gewährt dem/der Inhaber/in verschiedene verbundene Rechte. Diese umfassen Stimmrechte, Mitgliedschaftsrechte, Dividendenrechte oder Bezugsrechte für neu ausgegebene Aktien.[526]

---

[524] Vgl. § 221 Abs 4 UGB
[525] Vgl. Becker et. al (2011), S. 99.
[526] Vgl. Denk et. al. (2010), S. 304

Grundsatz der Einzelbewertung

Einer der Grundsätze ordnungsgemäßer Buchführung und Bilanzierung (GoB)[527]. Alle Vermögensgegenstände sowie Schulden sind zum Bilanzstichtag einzeln zu bewerten und zu erfassen.[528] Eine Durchbrechung ist nur in seltenen Fällen möglich, wie beispielsweise beim FIFO-Verfahren[529].

Grundsatz der Klarheit und Übersichtlichkeit

Grundsatz ordnungsgemäßer Buchführung und Bilanzierung (GoB), der die übersichtliche und klare Darstellung von Aufzeichnungen regelt[530].

Diese klare und übersichtliche Form beinhaltet das Saldierungsverbot, den Grundsatz der Einzelbewertung für Aktiv- und Passivposten sowie das Bruttoprinzip. Eine Saldierung ist nur dann zulässig, wenn eine privatrechtliche Aufrechnung möglich ist. Eine Bilanz ist dann nicht mehr klar dargestellt, wenn Vermögenswerte und Schulden unübersichtlich darge-

---

[527] Vgl. Denk et. al. (2010), S. 58
[528] Vgl. § 201 UGB Abs. Abs 2. Z 3
[529] Vgl. Auer (2018), S. 274
[530] Vgl. Denk et. al. (2010), S. 58, 59;

stellt werden, nicht erlaubte Saldierungen vorgenommen werden oder die Bezeichnung von Bilanzpositionen irreführend ist[531].

Grundsatz der Periodenabgrenzung

Einer der Grundsätze ordnungsgemäßer Buchführung und Bilanzierung (GoB)[532]. Der Ausweis von Aufwendungen und Erträgen ist grundsätzlich nach dem Anfallen vorzunehmen[533]. Durch Rechnungsabgrenzungen sollen jene Aufwendungen und Erträge, die nicht die laufenden Geschäftsjahre betreffen, anteilig abgegrenzt werden[534].

Grundsätze ordnungsgemäßer Bilanzierung

Bei der Bilanzierung und Bewertung sind folgende wichtigen Grundsätze von zentraler Bedeutung:[535]

- Bilanzwahrheit (Richtigkeit, Willkürfreiheit)
- Bilanzklarheit

  (Bruttoprinzip, Einzelbewertung, Gliederung von Bilanz und GuV)

---

[531] Vgl. Denk et. al. (2010), S. 59
[532] Vgl. Denk et. al. (2010), S. 58
[533] Vgl. Auer (2018), S. 275
[534] Vgl. Auer (2018), S. 275
[535] Aufstellung nach Denk et. al. (2010), S. 58

- Bilanzkontinuität

  (Bilanzidentität, formelle Bilanzkontinuität, materielle Bilanzkontinuität)

- Vollständigkeit

  (Wertaufhellung, Pflicht zur Inventur)

- Vorsichtsprinzip

  (Realisationsprinzip, Imparitätsprinzip)

- Abgrenzung

  (sachliche Abgrenzung, zeitliche Abgrenzung)

- Unternehmensfortführung

Grundsätze ordnungsmäßiger Buchführung

Das Unternehmensgesetzbuch enthält folgende Regelungen zur ordnungsgemäßen Buchführung:

1. Beschaffenheit der Buchführung:

Die Bücher müssen so beschaffen sein, dass sich ein/e Dritte/r innerhalb einer angemessenen Zeit einen Überblick über die Geschäftsfälle, sowie über die Lage des Unternehmens, verschaffen kann[536].

2. Aufzeichnungen, Eintragungen und Abkürzungen:

---

[536] Vgl. Denk et. al. (2010), S. 57

Sämtliche Aufzeichnungen müssen in einer lebenden Sprache erfolgen und Symbole/Abkürzungen müssen eindeutig festgelegt sein. Die Aufzeichnungen müssen weiters vollständig, richtig, zeitgerecht und geordnet vorgenommen werden. Dies kann beispielsweise durch eine chronologische Reihenfolge sichergestellt werden.[537]

3. Änderung von Aufzeichnungen:

Änderungen dürfen nur dann erfolgen, wenn der ursprüngliche Inhalt weiterhin ersichtlich bleibt und der Zeitpunkt der Änderung erkennbar ist. Sämtliche Änderungen, bei denen der ursprüngliche Inhalt verändert und unkenntlich gemacht wird, sind zu unterlassen.[538]

4. Aufbewahrung:

Bücher, Inventare, Eröffnungsbilanzen, Jahresabschlüsse, Lageberichte, Konzernabschlüsse, empfangene Geschäftsbriefe (wie Rechnungen, Zahlungsbelege, …), Abschriften, und alle anderen Belege für die Buchungen sind sieben Jahre lang geordnet aufzubewahren[539].

5. Keine Buchung ohne Beleg:

---

[537] Vgl. Denk et. al. (2010), S. 57
[538] Vgl. Denk et. al. (2010), S. 57
[539] Vgl. Denk et. al. (2010), S. 57

Beleggrundsatz, der besagt, dass jeder Geschäftsvorfall auf einen Beleg oder Geschäftsbrief basieren muss. Dabei werden zwei verschiedene Belegarten unterschieden, nämlich interne und externe Belege. Interne Belege sind die sog. Buchführungsgrundlage, d.h. sie dienen Verrechnungszwecken. Externe Belege sind jene Belege, die entweder von außen in das Unternehmen gelangen (z. B. Eingangsrechnungen) oder das Unternehmen nach außen verlassen (z. B. Ausgangsrechnungen).

Grundsätze ordnungsmäßiger Buchführung und Bilanzierung (GoB)

Anerkannte verankerte Regelungen für die Führung von Büchern sowie der Bilanzierung[540].

Insbesondere erläutern diese die Dokumentation und Führung der Bücher, sowie die Rechenschaftslegung von Unternehmen. Die einzelnen Grundsätze sind gleichwertig (d.h. ohne Rangordnung) und sind zwingende Rechtssätze, weil die GoB sowohl im Unternehmensrecht als auch im Einkommensteuerrecht verankert sind. Die Quellen der GoB sind die Rechtsordnung (Steuerrecht, Unternehmensrecht und die Rechtsprechung), Gutachten der Fachsenate der Kammer

---

[540] Vgl. Denk et. al. (2010), S. 54-56

der Steuerberater und Wirtschaftsprüfer sowie Übungen der unternehmerischen Praxis.[541]

Folgende Grundsätze ordnungsmäßiger Buchführung und Bilanzierung sind im UGB enthalten:[542]

- Grundsatz der Vollständigkeit, Richtigkeit und Bilanzwahrheit

  (geregelt in § 190 Abs. 3 UGB, § 196 Abs 1 UGB)

- Grundsatz der Bilanzklarheit

  (geregelt in § 195 UGB)

- Grundsatz der formellen und materiellen Kontinuität

  (geregelt in § 201 Abs. 1 UGB, § 223 Abs. 1 UGB)

- Stichtagsprinzip

  (geregelt in § 191 Abs. 2 UGB, § 193 Abs. 2 UGB)

- Grundsatz der Unternehmensfortführung

  (geregelt in § 201 Abs. 1 UGB)

- Grundsatz der Einzelbewertung

  (geregelt in § 201 Abs. 1 UGB)

- Vorsichtsprinzip

  (geregelt in § 201 Abs. 1 UGB)

---

[541] Vgl. Denk et. al. (2010), S. 55
[542] Aufzählung: Denk et. al. (2010), S. 56

- Realisationsprinzip
  (geregelt in § 201 Abs. 2 Z. 4a UGB)

- Imparitätsprinzip
  (geregelt in § 201 Abs. 2 Z. 4b UGB)

- Grundsatz der Periodenabgrenzung
  (geregelt in § 201 Abs. 2 Z. 5 UGB)

GuV

Abkürzung für die Gegenüberstellung von Aufwendungen und Erträgen eines Wirtschaftsjahres. Die Gewinn- und Verlustrechnung (GuV) ermittelt den Erfolg der abgelaufenen Geschäftsperiode und gibt Auskunft über die Änderungen des Wertbestandes des Unternehmens.[543]

GWG

Abkürzung von geringwertigen Wirtschaftsgütern. Diese dürfen die Anschaffungskosten (ohne USt.) von € 1.000,- nicht übersteigen. Geringwertige Wirtschaftsgüter werden im Anschaffungsjahr vollständig abgeschrieben.[544] Bis zum 31. Dezember 2019 betrug die Grenze € 400,-.

---

[543] Vgl. Denk et. al. (2010), S. 481
[544] Vgl. Auer (2018), S. 283

Diese wurde durch die Steuerreform 2020 auf € 800,- angehoben. Eine signifikante Änderung etablierte der Gesetzgeber mit den Maßnahmen der „Ökosozialen Steuerreform" 2022, die auch den GWG-Sektor betreffen. Die GWG-Grenze wurde ab 31.12.2022 für Geschäfts- bzw. Wirtschaftsjahre, die erst nach dem 31.12.2022 beginnen, auf € 1.000,00 netto angehoben. Somit gilt die neue GWG-Grenze seit 01.01.2023. Für eine sofortige Absetzung geringwertiger Wirtschaftsgüter des AV und der damit verbundenen Gewinnminderung ist seit diesem Zeitpunkt der Betrag von € 1.000,00 relevant.

VON

« HABEN »

BIS

« HYPOTHEK »

Haben

Fachausdruck für die rechte Seite eines Kontos in der Buchhaltung[545].

Habenbuchung

Veränderung eines buchhalterischen Kontos auf der rechten Seite[546].

Habensaldo

Ein Habensaldo ist eine Differenz auf der Sollseite, der dadurch hervorgerufen wird, dass die Habenseite vor Abschluss des Kontos am Bilanzstichtag größer ist als die Sollseite[547].

Habenzinsen

An Kunden/Kundinnen gezahlte Zinsen am Bankkonto nach Abzug der Kapitalertragssteuer[548].

---

[545] Vgl. Becker et. al (2011), S. 103
[546] Vgl. Auer (2018), S. 125
[547] Vgl. Auer (2018), S. 125
[548] Vgl. Becker et. al (2011), S. 103

Haftung

Ein durch ein Schuldverhältnis oder per Gesetz entstandene Verpflichtung der Leistungsverpflichtung[549]. Haftungsbegrenzungen für Verbindlichkeiten oder Schadenersatzverpflichtungen gibt es bei Kapitalgesellschaften, sowie bei der Kommanditgesellschaft für Kommanditisten[550].

Haftungskapital

Jenes Kapital, das als Sicherheit gegenüber anspruchsberechtigten Personen dienen soll[551].

Halberzeugnisse

Sammelbegriff für fertige und unfertige Erzeugnisse[552]. Erzeugnisse sind Produkte, die der Betrieb selbst herstellt bzw. bearbeitet[553].

---

[549] Vgl. Becker et. al (2011), S. 103
[550] Vgl. Becker et. al (2011), S. 103
[551] Vgl. Becker et. al (2011), S. 103
[552] Vgl. Becker et. al (2011), S. 103
[553] Vgl. Zschenderlein (2015), S. 329

Halbfabrikate

Noch nicht vollständig verkaufsfertige Produkte, die sich noch im Fertigungsprozess befinden[554]. Halbfabrikate sind entweder Zwischenprodukte mit unterschiedlichen Fertigungsgraden oder Rohstoffe, die sich zurzeit in der Montage befinden[555]. Die Bewertung erfolgt zu den bisher angefallenen Herstellungskosten[556].

Halbjahresabschreibung

Wird ein neues Wirtschaftsgut in der zweiten Jahreshälfte in Betrieb genommen, darf es in diesem Wirtschaftsjahr nur zur Hälfte der jährlichen Normalabschreibung abgeschrieben werden. Bei Inbetriebnahme vor dem 30. Juni wird das Wirtschaftsgut im Jahr der Inbetriebnahme mit dem jährlich linear gleichbleibenden Abschreibungsbetrag abgeschrieben.[557]

---

[554] Vgl. Becker et. al (2011), S. 78
[555] Vgl. Denk et. al. (2010), S. 226, 227
[556] Vgl. Becker et. al (2011), S. 78
[557] Vgl. BfDuW (2019b) Abschreibung

Handelsklauseln

Vereinbarungen beim Handel von Waren, wodurch der Gefahrenübergang der Ware sowie die Kosten des Transports vereinbart werden. Zu den bekanntesten Klauseln zählen „frei Haus" (der Lieferant trägt alle Gefahren und Transportkosten bis zum/zur Kunden/Kundin) sowie „ab Werk" (der/die Kunde/Kundin trägt alle Gefahren und Transportkosten ab dem Zeitpunkt, wo der Lieferant die Ware im Lager bereitstellt).[558] Bekannt ist auch die Klausel „frachtfrei". Mit dieser wird vereinbart, an welchem Ort genau der Kosten- bzw. Gefahrenübergang stattfindet (z. B. Verkäufer/in trägt Kosten und Risiko bis zum Hauptbahnhof Innsbruck, anschließend Übergang auf Käufer/in).

Handelswaren

Von Dritten bezogene Gegenstände, die nicht im Unternehmen gefertigt wurden und dem Verkauf dienen. Handelswaren werden bis zum Verkauf nicht mehr wesentlich vom Unternehmen be- oder verarbeitet.[559]

---

[558] Vgl. Neugebauer (2008), S. 47
[559] Vgl. Denk et. al. (2010), S. 227

Handelswareneinsatz

Gesamtheit aller in einer Geschäftsperiode verkauften Waren, die mit ihrem Einstandspreis bewertet werden. Häufig wird in diesem Zusammenhang auch die Bezeichnung Verbrauch an Handelswaren gewählt. Die Verbuchung des Handelswareneinsatzes erfolgt am Ende der Geschäftsperiode im Zuge der Erstellung des Jahresabschlusses.[560]

Handelswarenverkauf

Umsatzprozess von Waren, der im Einklang mit dem Betriebszweck steht, z. B. Warenverkäufe eines Handelsbetriebes. Die Umsatzerlöse werden im Haben zum Zeitpunkt der Erstellung der Ausgangsrechnung/des Kassabeleges eingebucht.[561]

Hauptbuch

Kernstück der Buchhaltung, wo die systematische Verarbeitung der Buchungssätze erfolgt[562]. Dabei wird der Inhalt der Geschäftsfälle systematisch und geordnet auf die jeweiligen

---

[560] Vgl. Urianek (2014), S. 90
[561] Vgl. Urianek (2014), S. 90
[562] Vgl. Urianek (2014), S. 110

Konten gebucht[563]. Im Hauptbuch werden den Salden der Bestands- und Erfolgskonten ausgewiesen[564].

Hauptkostenstelle

Primäre Kostenstelle, bei welcher Leistungen direkt in das verkaufsfertige Produkt einfließen[565].

Hauptversammlung

Gesetzliches Organ von Aktiengesellschaften für die Versammlung der Aktionäre. Die Hauptversammlung ermöglicht die Ausübung der Rechte der Aktionäre in Angelegenheiten der Aktiengesellschaft.[566]

Herstellung

Prozess, bei welchem ein neuer Vermögensgegenstand geschaffen wird, der von der ursprünglichen Verkehrsgängigkeit

---

[563] Vgl. Urianek (2014), S. 110
[564] Vgl. Neugebauer (2008), S. 39
[565] Vgl. Schaffhauser-Linzatti (2012), S. 68
[566] Vgl. Gabler Wirtschaftslexikon online (2021), Hauptversammlung | https://wirtschaftslexikon.gabler.de/definition/hauptversammlung-33735

nun Abweichungen aufweist[567]. Eine Änderung der Verkehrsgängigkeit kann auch durch Lagerung oder Reifung herbeigeführt werden und erfordert somit nicht immer eine Be- oder Verarbeitung[568]. Im Bau befindliche Anlagen sowie unfertige/fertige Erzeugnisse zählen zu den wichtigsten Anwendungsbereichen der Herstellung[569].

Herstellungsaufwand

Aufwendungen bei Erhaltung von Gebäuden, welche im Anlagevermögen aktiviert und über die Nutzungsdauer hin abgeschrieben werden müssen[570].

Beispiele: Aufwendungen für Dachausbau, Zusammenlegung von Wohnungen, Versetzen von Zwischenwänden, Einbau von Aufzügen, ...[571]

---

[567] Vgl. Denk et. al. (2010), S. 118
[568] Vgl. Urianek (2014), S. 133
[569] Vgl. Urianek (2014), S. 133
[570] Vgl. Lang, Unger (2016), S. 32, Einkommenssteuerrichtlinien BMF (2018) EStR 6455
[571] Vgl. Lang, Unger (2016), S. 32

Herstellungskosten

Aufwendungen, die durch die Herstellung, Erweiterung oder Verbesserung des ursprünglichen Zustandes eines Vermögensgegenstandes entstehen[572]. Angemessene Teile der direkt zurechenbaren, fixen sowie variablen Gemeinkosten können ebenso wie Aufwendungen für Sozialeinrichtungen des Betriebes, für freiwillige Sozialleistungen, für betriebliche Altersversorgungen und Abfertigungen eingerechnet werden[573]. Auszuscheiden ist ein eventueller Anteil von Unterbeschäftigung sowie allgemeine Teile der Verwaltungs- und Vertriebskosten[574].

Berechnungsschema der Herstellungskosten:[575]

Materialeinzelkosten

+ Fertigungseinzelkosten

+ Sonderkosten der Fertigung

+ angemessene Teile der Materialgemeinkosten

+ angemessene Teile der Fertigungsgemeinkosten

---

[572] Vgl. § 203 Abs 3 UGB
[573] Vgl. § 203 Abs 3 UGB
[574] Vgl. § 203 Abs 3 UGB
[575] Schema direktes Zitat aus Lang, Unger (2016), S. 22; Beispiele aus: Vgl. Grünberger (2018), S. 25

= unternehmensrechtlicher & steuerlicher Mindestansatz

+ Aufwendungen für Sozialeinrichtungen des Betriebes (z. B. Werksküche), für freiwillige Sozialleistungen (z. B. Essenszuschüsse, Fahrtkostenersätze, Weihnachtsgeschenke), für betriebliche Altersversorgungen und Abfertigungen → Wahlrecht

+ direkt zurechenbare Fremdkapitalzinsen → Wahlrecht

= unternehmensrechtlicher und steuerrechtlicher Höchstansatz

Hilfskostenstelle

Sekundäre Kostenstelle, bei welcher Leistungen für andere Kostenstellen durchgeführt werden und die Leistungen nicht direkt in das verkaufsfertige Produkt einfließen[576].

HIFO-Verfahren

Bewertungsverfahren von Vorratsbeständen, bei welchem von der Annahme ausgegangen wird, dass die Gegenstände mit den höchsten Anschaffungskosten als erstes verbraucht werden sollen. Zum Bilanzstichtag sind somit nur jene Vermö-

---

[576] Vgl. Schaffhauser-Linzatti (2012), S. 68

gensgegenstände im Lager, die die niedrigsten Einstandspreise besitzen. Dieses Vorausbewertungsverfahren wird von den Finanzbehörden als unzulässig angesehen, weil es kaum der Wirklichkeit entspricht.[577]

Hilfsstoffe

Materialien, die unmittelbar in das fertige Produkt einfließen, jedoch nicht den Hauptbestandteil des Produktes darstellen. Hilfsstoffe haben im Gegensatz zu Rohstoffen nur eine untergeordnete Rolle beim fertigen Produkt. Hilfsstoffe werden in den Vorräten im Umlaufvermögen ausgewiesen.

Beispiele: Schrauben, Beschläge, Leim, etc. ...

Hypothek

Pfandrecht eines Grundstückes zur Sicherung von Forderungen. Eine Hypothek stellt somit ein Pfandrecht zur Sicherstellung von Kreditforderungen dar. Die Hypothek wird im Grundbuch im C-Blatt eingetragen und ist Voraussetzung für die Entstehung einer Hypothek.[578]

---

[577] Vgl. Denk et. al. (2010), S. 242
[578] Vgl. Gabler Wirtschaftslexikon online (2021), Hypothek | https://wirtschaftslexikon.gabler.de/definition/hypothek-33431

I

VON

« IDENTITÄTSPREISVERFAHREN »

BIS

« IST-ENDBESTAND »

Identitätspreisverfahren

Bewertungsverfahren von Vorräten, bei welchem die verbrauchten Gegenstände (einzelnen Lagerentnahmen) sowie der Endbestand mit den jeweiligen Einstandspreisen (Anschaffungs- bzw. Herstellungskosten) bewertet werden[579]. Um diese Einzelbewertung vorzunehmen, wird eine genaue Aufzeichnungen der einzelnen Gegenstände vorausgesetzt[580]. Für die Bewertung am Bilanzstichtag wird der Preis mit dem aktuellen Tageswert verglichen und im Falle einer Überbewertung ist eine Abwertung vorzunehmen[581]. Das Identitätspreisverfahren ist von den Vorratsbewertungsverfahren am besten im Einklang mit dem Grundsatz der Einzelbewertung[582].

Incoterms

Internationale Handelsregeln zur Definition von handelsüblichen Vertragsformeln. Diese Handelsklauseln zeigen die Verpflichtungen des Verkäufers/der Verkäuferin sowie des Käufers/der Käuferin im Rahmen der Beschaffung/Beförderung von Handelswaren auf. Die Incoterms regeln den Zeitpunkt

---

[579] Vgl. Denk et. al. (2010), S. 233; Vgl. Auer (2018), S. 56
[580] Vgl. Denk et. al. (2010), S. 233
[581] Vgl. Denk et. al. (2010), S. 233
[582] Vgl. Schneider (2016), S. 53

und den Ort des Gefahrenübergangs, die Aufteilung der Transportkosten, die Aufteilung des Zolls oder der Versicherungsprämie im Rahmen der Lieferung. Die Incoterms sind somit spezielle Ergänzungen des Kaufvertrages, um Streitigkeiten beim Kostenübergang oder Gefahrenübergang so gering wie möglich zu halten. Die Abkürzungen werden im internationalen Handel mit 3 Buchstaben abgekürzt.[583]

Immaterielle Vermögensgegenstände

Vermögensgegenstände ohne physische Substanz, die von Dritten erworben oder selbst erstellt werden können[584]. Immaterielle Vermögensgegenstände dienen dem Unternehmen langfristig und werden unterschieden in erworbene und selbst erstellte Vermögensgegenstände[585].

Imparitätsprinzip

Einer der Grundsätze ordnungsgemäßer Buchführung und Bilanzierung (GoB)[586]. Demnach dürfen noch nicht realisierte Verluste, die mit hinreichender Sicherheit vorhersehbar sind,

---

[583] Vgl. Wirtschaftslexikon Gabler (2019) Incoterms | https://wirtschaftslexikon.gabler.de/definition/incoterms-36365
[584] Vgl. Denk et. al. (2010), S. 144
[585] Vgl. Schaffhauser-Linzatti (2012), S. 146
[586] Vgl. Denk et. al. (2010), S. 58

im Abschluss erfolgswirksam berücksichtigt werden[587]. Noch nicht realisierte Gewinne dürfen in der Bilanz nicht ergebniswirksam berücksichtigt werden[588]. Das Imparitätsprinzip unterscheidet zwei verschiedene Arten:

- Strenges Niederstwertprinzip:
  Sowohl bei kurzfristiger als auch bei langfristiger Wertminderung soll eine Abschreibung erfolgen[589].

- Gemildertes Niederstwertprinzip:
  Eine Abschreibung soll nur dann erfolgen, wenn eine voraussichtliche dauernde Wertminderung vorliegt.[590]

Import

Fachausdruck im Warenverkehr, wenn Gegenstände aus den Drittstaaten (nicht EU-Staaten) in das Inland (in einen EU-Staat) eingeführt werden. Im Rahmen der Einfuhr von Waren aus nicht EU-Staaten wird die Einfuhrumsatzsteuer (EUSt) bzw. die Zollabgabe fällig.[591]

---

[587] Vgl. Denk et. al. (2010), S. 483
[588] Vgl. Amely, Krickhahn (2013), S. 363
[589] Vgl. Auer (2018), S. 275
[590] Vgl. Auer (2018), S. 275
[591] Vgl. Hilber (2015), S. 213

Inkasso

Bezeichnung für den Einzug (Einbringung) von Forderungen Dritter. Dabei werden insbesondere Geldforderungen wie Lastschriften (Bankeinzug), Schecks, Wechsel oder andere Zahlungspapiere vom/von (der) Schuldner/in eingefordert.[592]

Innergemeinschaftlicher Erwerb

Ein innergemeinschaftlicher Erwerb liegt vor, wenn Gegenstände aus einem EU-Mitgliedstaat für unternehmerische Zwecke in das Inland gelangen. Im Unterschied dazu fällt Einfuhrumsatzsteuer nur bei Importen aus Drittstaaten an.[593]

Innergemeinschaftliche Lieferung

Lieferungen von Waren von zwei Unternehmer/innen aus zwei verschiedenen EU-Mitgliedsstaaten. Innergemeinschaftliche Lieferungen sind von der Umsatzsteuer befreit.[594]

---

[592] Vgl. Wirtschaftslexikon Gabler (2019) Inkasso | https://wirtschaftslexikon.gabler.de/definition/inkasso-38733/version-262154
[593] BMF (2019) Innergemeinschaftlicher Erwerb
[594] Vgl. Auer (2018), S. 287

Insolvenz

Bezeichnung für den Tatbestand der Zahlungsunfähigkeit und damit einhergehend die Überschuldung eines Unternehmens[595]. Durch den Mangel an liquiden Mitteln kann das Unternehmen seinen Zahlungsverpflichtungen nicht mehr nachkommen.[596] Wenn die Verbindlichkeiten höher sind als das vorhandene Vermögen und keine positive Fortbestandsprognose vorliegt, kann Überschuldung angenommen werden[597].

Insolvenzentgeltfonds

Dieser Fonds wurde eingerichtet, um Gehalts- bzw. Lohnansprüche der Arbeitnehmer/innen, im Falle einer Insolvenz des Unternehmens bzw. des/der Arbeitgebers/in, abzusichern. Den rechtlichen Rahmen in Österreich bildet das sogenannte Insolvenz-Entgeltsicherungsgesetz (IESG).

Insolvenzverfahren

Darunter versteht man eine Folgeerscheinung der Insolvenz. Das Insolvenzverfahren wird dann eingeleitet, wenn offene fällige Zahlungen nicht mehr geleistet werden können. Sobald

---

[595] Vgl. BfDuW (2019a) Insolvenz
[596] Vgl. Becker et. al (2011), S. 263, 264; Vgl. BfDuW (2019a) Zahlungsunfähigkeit
[597] Vgl. BfDuW (2019b) Insolvenz

das Insolvenzverfahren eingeleitet wurde, wird dies in der Ediktsdatei des Bundesministeriums für Justiz veröffentlicht. Die Insolvenzordnung bestimmt, ob ein Konkursverfahren oder ein Sanierungsverfahren (mit/ohne Eigenverwaltung) anzuwenden ist.[598]

Instandhaltung

Erhaltungsaufwand, der nicht eine Instandsetzung ist und somit nicht zu den Anschaffungs- und Herstellungskosten gehört[599]. Durch den Instandhaltungsaufwand wird sowohl der Nutzwert des Gebäudes nicht erhöht als auch die Nutzungsdauer nicht.[600] Als Instandhaltung zählen unter anderem laufende Wartungsarbeiten und das Austauschen von unwesentlichen Gebäudeteilen[601].

Instandsetzung

Aufwendungen, die den Nutzungswert des Gebäudes oder die Nutzungsdauer wesentlich (um mindestens 25 %) erhöhen. Zu Instandsetzungsaufwendungen zählen beispielsweise das Austauschen von Fenster, Böden oder Türen.[602]

---

[598] Vgl. BfDuW (2019b) Insolvenz
[599] Vgl. Lang, Unger (2016), S. 32, Einkommenssteuerrichtlinien BMF (2018) EStR 1398
[600] Vgl. Einkommenssteuerrichtlinien BMF (2018) EStR 1398
[601] Vgl. Lang, Unger (2016), S. 32
[602] Vgl. Lang, Unger (2016), S. 32

Internes Rechnungswesen

Umfasst die Betriebsbuchhaltung (= Kosten- und Leistungsrechnung), sowie Sonderrechnungen (Analysen, Statistiken) als auch diverse weitere Kalkulationen[603]. Das Ziel des internen Rechnungswesens ist die Bereitstellung von entscheidungsrelevanten Informationen für Planung, Kontrolle und Steuerung von Unternehmensprozessen[604]. Das interne Rechnungswesen dient ausschließlich unternehmensinternen interessierten Personen, wie beispielsweise der Geschäftsführung[605].

Inventar (Inventarium)

Vermögensgegenstände sowie Schulden sind durch eine Inventur zu verzeichnen und mit ihrem Wert anzugeben[606]. Das Inventar ist somit ein Verzeichnis, indem die ermittelten Vermögensgegenstände und Schulden dargestellt werden[607]. Am Ende jedes Wirtschaftsjahres hat der/die Unternehmer/in ein Inventar aufzustellen[608].

---

[603] Vgl. Denk et. al. (2010), S. 21
[604] Vgl. Denk et. al. (2010), S. 21, 22, 24
[605] Vgl. Schaffhauser-Linzatti (2012), S. 18
[606] Vgl. Urianek (2014), S. 21
[607] Vgl. Zschenderlein (2015), S. 34
[608] Vgl. § 191 Abs. 2 UGB

Die Vermögensgegenstände als auch Schulden sind vollständig und genau aufzuzeichnen, wertmäßig zu erfassen und staffelförmig in einer Aufstellung (= Inventarium) darzustellen[609]. Das Inventar besteht neben dem Vermögen und den Schulden auch aus dem Eigenkapital (Reinvermögen)[610].

Inventur

Die Inventur unterscheidet sich in folgende zwei Arten:

- Körperliche Bestandsaufnahme: Erfassung körperlicher Vermögensgegenstände durch Tätigkeiten wie zählen, messen und wiegen,
- Buchmäßige Bestandsaufnahme: Erfassung nicht körperlicher Vermögensgegenstände und Schulden durch Zuhilfenahme von Aufzeichnungen oder Belegen (z. B. Bankauszug)[611].

Vermögensgegenstände sind am Ende des Wirtschaftsjahres durch eine körperliche Bestandsaufnahme oder mit Hilfe anerkannter mathematisch/statistischer Methoden anhand von Stichproben aufzuzeichnen. Die Erfassung hat durch ein Verfahren zu erfolgen, das der ordnungsgemäßen Buchführung

---

609 Vgl. § 191 Abs. 1 UGB, Urianek (2014), S. 21
610 Vgl. Pilz (2013), S. 77
611 Vgl. Zschenderlein (2015), S. 31

entspricht. Die Erfassung kann innerhalb der letzten drei Monate vor oder in den ersten beiden Monaten nach dem Schluss des Geschäftsjahrs erfolgen, wenn durch ein Fortschreibungs- oder Rückrechnungsverfahren gesichert ist, dass der Bestand zum Ende des Geschäftsjahres ordnungsgemäß bewertet werden kann.[612] Hinsichtlich des zeitlichen Aspektes kann man folgende Inventurverfahren unterscheiden:

- Stichtagsinventur (zum Bilanzstichtag),
- Zeitverschobene Inventur (dem Bilanzstichtag vor oder nachgelagerte Inventur)
- Permanente Inventur (durch eine dementsprechende Lagerbuchführung)[613].

Neben der Inventur am Ende eines jeden Geschäftsjahres muss eine Inventur bei der Gründung des Unternehmens sowie beim Verkauf des Unternehmens durchgeführt werden[614].

---

[612] Vgl. § 192 Abs 1-4 UGB
[613] Vgl. Zschenderlein (2015), S. 29
[614] Vgl. Pilz (2013), S. 75

Investition

Verwendung finanzieller Mittel für die Anschaffung oder Herstellung eines Wirtschaftsgutes, durch dessen Nutzung, Vermietung bzw. Verkauf Einzahlungen und/oder eine Verminderung bestehender Auszahlungsverpflichtungen erzielt werden können.[615]

Ist-Besteuerung

Besteuerungsmethode, bei der die Umsätze nach dem Zahlungseingang zu versteuern sind. Die Steuerschuld entsteht zum Zeitpunkt, in dem die Rechnung vom Kunden bezahlt wird.[616]

Hinweis zum EuGH-Urteil vom 10.02.2022 (Grundstück „Kollaustraße 136", Aktenzahl: C-9/20, Deutschland), das u. a. zu wesentlichen Änderungen des österreichischen Umsatzsteuergesetzes hätte führen sollen (= aufgrund der Etablierung des Abgabenänderungsgesetzes – AbgÄG 2022):

---

[615] Vgl. Colbe et. al (2011), S. 388
[616] Vgl. Schneider et. al. (2018), S. 67

Die Grundsätze der zielgerichteten Besteuerung (= nach vereinbarten Entgelten, Soll-Besteuerung) und der effektiven Besteuerung (= nach vereinnahmten Entgelten, Ist-Besteuerung) sind im österreichischen Umsatzsteuergesetz festgelegt. Bisher betraf diese Unterscheidung hauptsächlich Steuerzahler, die die Leistung selbst erbringen, um die Quelle ihrer Mehrwertsteuerschuld für Meldezwecke zu ermitteln, je nach verwendetem System. Aufgrund der jüngsten Rechtsprechung des EuGH ist es wichtig, den Zeitpunkt der Steuerpflicht des Leistungserbringers zu beachten, zumal nur dieser das Vorsteuerabzugsrecht begründet.

Daher wird es gem. der EuGH-Entscheidung zukünftig notwendig sein, jenes Prinzip zu kennen, nach dem der jeweilige Dienstleister seine Umsätze deklarieren muss. Das EuGH-Urteil zum deutschen Fall hätte auch eine Anpassung des österreichischen Umsatzsteuerrechts ab 01.01.2023 erfordert. Bis zur vollständigen rechtlichen Klärung wurde jedoch auf die Umsetzung der Änderung in Österreich verzichtet. Die geltende Regelung gem. § 12 Abs. 1 Z 1 UStG kommt somit weiterhin zur Anwendung.

Ist-Endbestand

Lagerbestand am Bilanzstichtag, der laut Inventur verzeichnet wurde[617].

---

[617] Vgl. Schaffhauser-Linzatti (2012), S. 235

J

VON

« JAHRESABSCHLUSS »

BIS

« JURISTISCHE PERSON »

Jahresabschluss

Kernbestandteil des externen Rechnungswesens, der zumindest aus Bilanz und Gewinn- und Verlustrechnung besteht. Je nach Gesellschaftsform und Größe wird der Jahresabschluss um den Anhang und um den Lagebericht erweitert.[618]

Jahresabschlussadressaten

Anspruchsgruppen, für denen der Jahresabschluss sowie das externe Rechnungswesen Hauptinformationsquelle ist[619]. Zu den Jahresabschlussadressat/innen zählen insbesondere Eigentümer/innen, Mitarbeiter/innen, Kunden/Kundinnen, Lieferanten/Lieferantinnen, Banken, Gläubiger/Gläubigerinnen, Staat oder Mitbewerber/innen[620].

Jahresabschlussarbeiten

Ergebnis der Bilanzierung durch Um- und Nachbuchungen von Geschäftsfällen. Die Jahresabschlussarbeiten umfassen insbesondere:

- Bewertung von Vermögensgegenständen und Verbindlichkeiten,

---

618 Vgl. Schneider et. al. (2018), S. 207, 208
619 Vgl. Denk et. al. (2010), S. 23
620 Vgl. Denk et. al. (2010), S. 23

- Verbuchung von Abschreibungen,
- Verbuchung von Rechnungsabgrenzungen,
- Verbuchen von Rückstellungen,
- Korrektur von Fehlbuchungen,
- Kontenabschluss.[621]

Jahresabschlusserstellung

Das Unternehmen hat nach Ende des Wirtschaftsjahres neun Monate Zeit, den Jahresabschluss für das vorangegangene Geschäftsjahr in deutscher Sprache und in Euro zu erstellen [622]. Das Geschäftsjahr darf maximal zwölf Monate umfassen und der Jahresabschluss ist nach den Grundsätzen der ordnungsmäßigen Buchführung aufzustellen[623]. Bei Kapitalgesellschaften haben die gesetzlichen Vertreter/innen in den ersten fünf Monaten des Wirtschaftsjahres den Jahresabschluss, den Lagebericht, den Anhang, den Bericht über Zahlungen an staatliche Stellen und ggf. den Corporate-Governance-Bericht aufzustellen[624].

---

[621] Vgl. Peyerl (2015), S. 81
[622] Vgl. § 193 Abs 2
[623] Vgl. § 193 Abs 1,3,4 UGB
[624] Vgl. § 222 Abs 1 UGB

Jahresabschlussinhalt

Der Jahresabschluss hat ein möglichst getreues Bild der Vermögenslage und der Ertragslage zu vermitteln[625]. Soweit gesetzlich nichts anderes bestimmt ist, sind alle Vermögensgegenstände, Rückstellungen, Verbindlichkeiten, Rechnungsabgrenzungen sowie Aufwendungen und Erträge zu erfassen und gesondert auszuweisen[626].

Jahresfehlbetrag/Jahresüberschuss

Größe, die sich durch die Gegenüberstellung von Aufwendungen und Erträgen aus der Gewinn- und Verlustrechnung ergibt[627]. Von einem Jahresüberschuss spricht man, wenn die Erträge betragsmäßig höher sind als die gegenüberstehenden Aufwendungen[628]. Bei einem Jahresfehlbetrag sind die Aufwendungen betragsmäßig höher als die Summe der Erträge während des Wirtschaftsjahres[629]. Der Jahresüberschuss ist somit jener Gewinn des abgeschlossenen Geschäftsjahres, der noch nicht verwendet worden ist[630]. Das

---

[625] Vgl. § 195 UGB, Vgl. § 222 Abs 2 UGB
[626] Vgl. § 196 Abs 1 UGB, Vgl. § 198 Abs 1 UGB
[627] Vgl. Denk et. al. (2010), S. 483
[628] Vgl. Amely, Krickhahn (2013), S. 346
[629] Vgl. Amely, Krickhahn (2013), S. 346
[630] Vgl. Pilz (2013), S. 18

Jahresergebnis ergibt sich aus dem Betriebsergebnis, dem Finanzergebnis sowie den Gewinnsteuern[631].

Journal

Aufzeichnungsinstrument, bei dem Geschäftsfälle der Reihenfolge nach dargestellt werden[632]. Das Journal (häufig auch als Grundbuch bezeichnet) zeigt, welche Buchungen sich an einem bestimmten Tag ergeben haben[633].

Juristische Person

Gesellschaftsformen, welche eine eigene Rechtspersönlichkeit (juristische Personen) aufweisen und durch einen Rechtsakt entstehen.

Beispiele: GmbH, AG, Vereine, etc.

---

[631] Vgl. Auer (2018), S. 67
[632] Vgl. Auer (2018), S. 131
[633] Vgl. Auer (2018), S. 131

VON

« KALKULATORISCHE KOSTEN »

BIS

« KUMULIERTE ABSCHREIBUNG »

Kalkulatorische Kosten

Begriff aus der Kostenrechnung der Aufwendungen beschreibt, denen keine realen Aufwendungen gegenüberstehen. Ziel der kalkulatorischen Kosten ist es, jenen Werteverzehr zu erfassen, der im externen Rechnungswesen nicht erfasst werden darf. Bei den kalkulatorischen Kosten unterscheidet man die folgenden beiden Arten:[634]

- Anderskosten (ein anderer Aufwand existiert im externen Rechnungswesen, z. B. kalkulatorische Abschreibungen, kalkulatorische Fremdkapitalzinsen, kalkulatorische Mieten, kalkulatorische Wagnisse, …),
- Zusatzkosten (kein Aufwand im externen Rechnungswesen = kalkulatorischer Unternehmer/innenlohn).[635]

Kapitalrücklagen

Von außen zur Verfügung gestellte Mittel, welche im Eigenkapital ausgewiesen werden[636]. Diese Zuflüsse übersteigen bei Außenfinanzierung den Betrag des Nennkapitals oder resultieren aus jenen Beträgen, die durch eine nominelle Eigenkapitalherabsetzung entstanden sind[637].

---

[634] Vgl. Kolb (2018), S. 114
[635] Vgl. Kolb (2018), S. 114
[636] Vgl. Denk et. al. (2010), S. 289
[637] Vgl. Denk et. al. (2010), S. 289

Kapitalertragssteuer

Besondere Erhebungsform der Einkommenssteuer bei inländischen Einkünften aus Kapitalvermögen. Der Steuerabzug bei Einkünften aus Kapitalvermögen wird in der Regel von der Bank durchgeführt und direkt dem Finanzamt abgeführt. Der Steuersatz ist mit 27,5 Prozent begünstigt und endbesteuert. Bei Zinsen aus Sparbüchern und Girokonten beträgt die Kapitalertragssteuer 25 Prozent.[638]

Kapitalflussrechnung

Instrument, das Einzahlungen und Auszahlungen eines Unternehmens gegenüberstellt[639]. In der Literatur wird die Kapitalflussrechnung häufig als Cashflow-Statement bezeichnet und unterteilt sich in operative Tätigkeiten, Investitionstätigkeiten und Finanzierungtätigkeiten[640].

Kapitalgesellschaft

Gesellschaftsformen welche eine eigene Rechtspersönlichkeit (juristische Personen) und eine Haftungsbeschränkung aufweisen. Man unterscheidet bei den Kapitalgesellschaften

---

[638] Vgl. BfDuW (2019a) Kapitalertragssteuer
[639] Vgl. Denk et. al. (2010), S. 483
[640] Vgl. Denk et. al. (2010), S. 483

zwischen der Gesellschaft mit beschränkter Haftung und der Aktiengesellschaft. Im Vergleich zu Personengesellschaften gibt es bei Kapitalgesellschaften keine unbeschränkt haftenden Gesellschaften, sondern es haftet die Gesellschaft mit dem aufgebrachten Nennkapital. Ferner müssen Kapitalgesellschaften einen beurkundeten Gesellschaftsvertrag vorweisen, verpflichtend die doppelte Buchführung durchführen und haben das im Gesetz definierte Mindestnennkapital zu leisten.[641]

Kassabuch

Aufzeichnungssystem für sämtliche Zu- und Abflüsse von Bargeld[642]. Mittels dem Kassabuch werden Geschäftsfälle chronologisch erfasst. Es ist möglich, damit ein Manko (= zu wenig Geld in Kassa) oder einen Überschuss (= zu viel Geld in Kassa) festzustellen. Es wird der Soll-Stand mit dem Ist-Stand gegenübergestellt. § 131 Abs. 1 BAO regelt Aufzeichnungen mittels dem Kassabuch.

---

[641] Vgl. Lind-Braucher; Müller (2018), S. 28, 29
[642] Vgl. Denk et. al. (2010), S. 45

Kassenbestand

Inventar in Form von Bargeld in inländischen und ausländischen Zahlungsmitteln, Wertkarten und Marken[643].

Kaufvertrag

Übereinstimmende Willenserklärung von zwei Vertragsparteien, Ware gegen Geld zu tauschen[644]. Das Eigentum einer Sache geht somit gegen die Bezahlung vom/von (der) Verkäufer/in auf den/die Käufer/in über[645].

Kaution

Sicherheitsleistung, der für den Eintritt bestimmter Umstände eine Absicherung bietet[646].

Kennzahl

Quantitative Messgröße, um Informationen zu verdichten und in kompakter Form darzustellen. Kennzahlen erfassen und

---

[643] Vgl. Schneider (2016), S. 49
[644] Vgl. BfDuW (2019a) Kaufvertrag, Vgl. BfDuW (2019b) Kaufvertrag
[645] Vgl. BfDuW (2019a) Kaufvertrag, Vgl. BfDuW (2019b) Kaufvertrag
[646] Vgl. BfDuW (2019a) Kaution

berichten zahlenmäßig über einen Sachverhalt. Die Darstellung von Kennzahlen erfolgt entweder über absolute Zahlen oder über relative Zahlen.[647]

Kilometergeld

Pauschalabgeltung für alle Kosten, die durch die betriebliche Benützung von dem Privatfahrzeug anfallen[648]. Das Kilometergeld ersetzt somit pauschal sämtliche Aufwendungen, die durch den laufenden Betrieb des Fahrzeuges anfallen[649]. Mit 01.01.2025 erfolgte die Ökologisierung des Kilometergeldes durch den Gesetzgeber. Die Höhe des Kilometergeldes beträgt seit dem Jahr 2025 einheitlich 0,50 Euro (PKW, Motorfahrrad, Fahrrad) pro gefahrenen Kilometer der Dienstreise.[650]

Auflistung der Kilometergelder in Österreich ab 01.01.2025:

Art/Typ	Kilometergeld in EUR
PKW	0,50/km
Motorfahrräder/Motorräder	0,50/km
Fahrrad/zu Fuß	0,50/km
Mitfahrer/in	0,15/km

---

[647] Vgl. Schaffhauser-Linzatti (2012), S. 78
[648] Vgl. BfDuW (2019a) Kilometergeld
[649] Vgl. BfDuW (2019a) Kilometergeld
[650] Vgl. https://www.bmf.gv.at/presse/pressemeldungen/2024/juli/brunner-entlastung-2025.html

Kleinunternehmer/in

Unternehmer/innen mit einem Gesamtumsatz von bis zu € 55.000,- brutto können sich gem. § 6 Abs. 1 Z 27 UStG von der Umsatzsteuer befreien lassen. Der/die Kleinunternehmer/Kleinunternehmerin muss sodann keine Umsatzsteuer an das Finanzamt abführen, hat jedoch im Gegenzug dafür auch kein Recht, Vorsteuern geltend zu machen bzw. zurückzufordern.[651] Es besteht jedoch die Möglichkeit zum Verzicht auf die Befreiung. Durch die Abschaffung der sog. „Kalten Progression" durch den Gesetzgeber im Jahr 2024, beträgt die Grenze ab dem Jahr 2025 nunmehr € 55.000,00, bis zum 31.12.2024 betrug die Grenze für Kleinunternehmer/innen € 35.000,00. Umsatzsteuerbefreite Unternehmer/innen sollten zeitgerecht überprüfen, ob sie die Grenze im aktuellen Geschäftsjähr bereits überschreiten werden, da eine Überschreitung Folgen haben kann. Betreffend die Überschreitung gelten die Schwellenwerte des Vorjahres, wobei eine einmalige Überschreitung von max. 10 % keine Konsequenzen hat. Darüber hinaus müssen bei Überschreitung bereits gelegte Rechnungen korrigiert mit Umsatzsteuer ausgestellt werden. In der EU gilt für die Kleinunternehmer/innen-Regelung außerdem eine Höchstgrenze von max. € 100.000,00 (Jahresumsatz).

---

[651] Vgl. BMF (2019) Kleinunternehmerinnen/Kleinunternehmer

Kommanditgesellschaft

Personengesellschaft, bei der sich mehrere Personen mit einem gemeinsamen Geschäftszweck zusammenschließen. Im Unterschied zur Offenen Gesellschaft haften bei der Kommanditgesellschaft nicht alle Gesellschafter/innen unbeschränkt. Man unterscheidet daher die Vollhafter/innen (Komplementär/innen) von den beschränkt haftenden Gesellschafter/innen (Kommanditist/innen).[652]

Kommanditist/in

Gesellschafter/in einer Kommanditgesellschaft, welche/r nur bis zur Höhe der jeweiligen Einlage für Verluste der Gesellschaft haftet (beschränkte Haftung)[653]. Gewinne und Verluste werden entsprechend der Beteiligung dem/der Gesellschafter/in zugewiesen.[654]

---

[652] Vgl. Lind-Braucher; Müller (2018), S. 26
[653] Vgl. BfDuW (2019a) Kommanditist/innen
[654] Vgl. Lind-Braucher; Müller (2018), S. 26

Kommunalsteuer

Gemeindeabgabe, welche sich aus den Bruttoarbeitslöhnen berechnet. Das Unternehmen hat dabei 3 % der Bruttoarbeitslöhne an die jeweilige ortsansässige Gemeinde- bzw. Stadtkasse abzuführen.[655]

Komplementär/in

Vollhaftende/r Gesellschafter/in einer Kommanditgesellschaft und somit einer Personengesellschaft.[656]

Konsolidierung

Zusammenfassung von Jahresabschlusspositionen mehrerer Unternehmen zur Erstellung eines zusammengefassten Jahresabschlusses. Bei diesem Prozess werden die einzelnen Rechtsbeziehungen untereinander aufgerechnet.[657]

Kontenarten

Je nach Geschäftsfall wird der Buchungssatz auf unterschiedliche Konten gebucht. Dabei unterscheidet man prinzipiell Bestandskonten und Erfolgskonten. Bestandskonten werden in

---

[655] Vgl. Schneider et. al. (2018), S. 186
[656] Vgl. BfDuW (2019a) Komplementär/innen
[657] Vgl. Colbe et. al (2011), S. 460

aktive Bestandskonten und passive Bestandskonten unterteilt, Erfolgskonten werden in Aufwands- und Ertragskonten gegliedert.[658]

Kontenklasse

Die Kontenklassen ermöglichen die systematische Einteilung und Gliederung der Konten[659]. Diese Einteilung erfolgt in den folgenden zehn Kontenklassen:[660]

Klasse 0	Anlagevermögen und Aufwendungen für das Ingangsetzen und Erweitern eines Betriebes
Klasse 1	Vorräte
Klasse 2	Sonstiges Umlaufvermögen, Rechnungsabgrenzungsposten
Klasse 3	Verbindlichkeiten, Rückstellungen und Rechnungsabgrenzungsposten
Klasse 4	Betriebliche Erträge
Klasse 5	Materialaufwand und sonstige bezogene Herstellungsleistungen
Klasse 6	Personalaufwand
Klasse 7	Abschreibungen und sonstige betriebliche Aufwendungen

---

[658] Vgl. Lind-Braucher; Müller (2018), S. 47
[659] Vgl. Urianek (2014), S. 116
[660] Aufstellung direct zitiert aus Urianek (2014), S. 116

Klasse 8   Finanzerträge und Finanzaufwendungen, außerordentliche Erträge und außerordentliche Aufwendungen, Steuern vom Einkommen und Ertrag, Rücklagenbewegungen

Klasse 9   Eigenkapital, Einlagen von stillen Gesellschafter/innen, Abschluss- und Evidenzkonten

Kontenrahmen (Einheitskontenrahmen)

Organisationsplan aller Konten der Buchhaltung, welcher einen übersichtlichen und logisch gegliederten Kontenplan beinhaltet[661]. Es gibt als Orientierung einen nicht verbindlichen Einheitskontenrahmen, der vom Fachsenat der Kammer der Steuerberater und Wirtschaftsprüfer gestaltet wurde[662]. Der Kontenrahmen systematisiert im Grunde sämtliche Konten durch Zusammenfassung[663]. Der österreichische Einheitskontenrahmen besteht aus 10 Kontenklassen und dient als Empfehlung für die Aufstellung des unternehmensinternen Kontenplans[664]. Der österreichische Einheitskontenrahmen ist folgendermaßen aufgebaut:

---

[661] Vgl. Urianek (2014), S. 116
[662] Vgl. Urianek (2014), S. 116
[663] Vgl. Schaffhauser-Linzatti (2012), S. 149
[664] Vgl. Lind-Braucher; Müller (2018), S. 53

- Kontenklasse 0: Anlagevermögen
- Kontenklasse 1: Vorräte
- Kontenklasse 2: Sonstiges Umlaufvermögen und aktive Rechnungsabgrenzungen
- Kontenklasse 3: Verbindlichkeiten, Rückstellungen und passive Rechnungsabgrenzungen
- Kontenklasse 4: Betriebliche Erträge
- Kontenklasse 5: Materialaufwand und bezogene Leistungen
- Kontenklasse 6: Personalaufwand
- Kontenklasse 7: Abschreibungen und sonstige betriebliche Aufwendungen
- Kontenklasse 8: Finanzerträge und Finanzaufwendungen
- Kontenklasse 9: Kapitalkonten, Rücklagen, Abschlusskonten[665]

Konto

Jener Ort, wo die wertmäßige monetäre Veränderung festgehalten wird[666]. Ein Konto ist eine zweiseitige Gegenüberstellung von Geschäftsvorgängen[667]. Als Sollseite wird die linke

---

[665] Vgl. Lind-Braucher; Müller (2018), S. 54
[666] Vgl. Schaffhauser-Linzatti (2012), S. 147
[667] Vgl. Lind-Braucher; Müller (2018), S. 41

Seite eines Kontos bezeichnet, als Habenseite wird die rechte Seite eines Kontos bezeichnet.[668]

Kontokorrentkredit

Bankkredit für den kurzfristigen Liquiditätsbedarf, der flexibel innerhalb des Überziehungsrahmens ausgenutzt werden kann. Im Vergleich zum klassischen Bankkredit ist beim Kontokorrentkredit üblicherweise mit einer höheren Zinsbelastung zu rechnen.[669]

Kontonummer

Numerische Bezeichnung eines Kontos in der Buchhaltung[670].

Kontosaldo

Differenz zwischen der Summe der Sollbuchungen und der Summe der Habenbuchungen[671]. Die Bezeichnung Sollsaldo/Habensaldo wird nach jenem Saldo gewählt, der wertmäßig der größeren Seite entspricht[672].

---

[668] Vgl. Lind-Braucher; Müller (2018), S. 41
[669] Vgl. Easy Business Training (2009), S. 98, 99
[670] Vgl. Schaffhauser-Linzatti (2012), S. 146
[671] Vgl. Urianek (2014), S. 42
[672] Vgl. Urianek (2014), S. 42

Kontrolle

Funktion der Buchhaltung, welche sich mit der Wirtschaftlichkeit und Rentabilität beschäftigt[673]. Die Kontrollfunktion soll daher Unterschiede zwischen der Planung und der tatsächlichen Performance aufzeigen[674].

Konzern

Zusammenschluss mehrerer rechtlich selbstständiger Unternehmen unter einer einheitlichen Leitung zu einer wirtschaftlichen Einheit[675]. Sowohl die Konzernmutter als auch ihre Tochterunternehmen haben einen eigenen Jahresabschluss zu erstellen[676].

Konzernabschluss

Jahresabschlussberichterstattung eines Konzerns, der ein möglichst getreues Bild der Vermögens-, Finanz- und Ertragslage vom Konzern vermitteln soll[677]. Dieser umfasst die Konzernbilanz, die Konzern-Gewinn- und Verlustrechnung, den Konzernanhang, die Konzernkapitalflussrechnung und eine

---

[673] Vgl. Schneider et. al. (2018), S. 18
[674] Vgl. Schneider et. al. (2018), S. 17
[675] Vgl. Schaffhauser-Linzatti (2012), S. 39
[676] Vgl. Schaffhauser-Linzatti (2012), S. 15
[677] Vgl. § 250 Abs 1-2 UGB

Darstellung der Komponenten des Eigenkapitals und ihre Entwicklung[678]. Der Konzernabschluss beinhaltet den Jahresabschluss vom Mutterunternehmen sowie die Jahresabschlüsse sämtlicher Tochterunternehmen[679].

Konzernanhang

Beinhaltet Angaben zur Erläuterung der Konzernbilanz sowie der Konzern-Gewinn-und-Verlustrechnung[680]. Dabei werden insbesondere die verwendeten Bilanzierungs- und Bewertungsmethoden, sowie allfällige Änderungen als auch die Währungsumrechnungsgrundlagen dargestellt[681]. Ferner sind Angaben (Name, Sitz, Anteil) zu den in den Konzernabschluss einbezogenen Unternehmen, wie Tochterunternehmen, assoziierte Unternehmen, aber auch anteilsmäßig einbezogene Unternehmen, offenzulegen[682].

Konzernlagebericht

Bericht über den Geschäftsverlauf, das Geschäftsergebnis und der Vermögens-, Finanz- und Ertragslage eines Konzerns[683]. Dieser soll wesentliche Risiken und Ungewissheiten,

---

[678] Vgl. § 250 Abs 1 UGB
[679] Vgl. § 253 Abs 1 UGB
[680] Vgl. § 265 Abs 1 UGB
[681] Vgl. § 265 Abs 1 UGB
[682] Vgl. § 265 Abs 2 UGB
[683] Vgl. § 267 Abs 1-2 UGB

denen der Konzern ausgesetzt ist, ebenso wie die voraussichtliche Entwicklung des Konzerns, beinhalten[684]. Dabei soll der Umfang angemessen auf die Komplexität der Geschäftstätigkeit die wichtigsten finanziellen und nichtfinanziellen Leistungsindikatoren erläutern[685].

Konzession

Behördliche Bewilligung für die Ausübung spezieller Tätigkeiten[686]. Konzessionen sind daher Befugnisse, die ein Unternehmen berechtigen, einen bestimmten Unternehmensbereich auszuüben[687].

Beispiele: Güterbeförderungen, Personenbeförderungen mittels Taxi, Banken, Versicherungen, Personenbeförderungen mittels Bussen, ...[688]

Körperschaftssteuer

Die Körperschaftssteuer ist die Gewinnsteuer von juristischen Personen (Gesellschaften mit beschränkter Haftung und Akti-

---

[684] Vgl. § 267 Abs 2-3 UGB
[685] Vgl. § 267 Abs 2 UGB
[686] Vgl. Schaffhauser-Linzatti (2012), S. 146
[687] Vgl. Schaffhauser-Linzatti (2012), S. 146
[688] Vgl. Schaffhauser-Linzatti (2012), S. 146

engesellschaften) und beträgt aktuell 23 % der Bemessungsgrundlage[689] (seit 01.01.2024, zuvor 24 % und 25 %, Stichwort: „Ökosoziale Steuerreform in Österreich").

Kosten

Bewertbarer Güterverbrauch einer Geschäftsperiode, der in Geld messbar ist[690]. Der Begriff Kosten bezeichnet den in Geld bewertbaren Verzehr von Gütern und Dienstleistungen[691]. Hauptverursacher der Kosten ist der betriebliche Leistungserstellungs- und Verwendungsprozess[692]. Kosten erzeugt somit der betriebsbedingte Wertverbrauch durch Produktionsfaktoren[693].

Kostenartenrechnung

Instrument der Kostenrechnung, bei dem Kosten nach verschiedenen Kategorien erfasst, bewertet und klassifiziert werden, um diese im nächsten Schritt auf die verschiedenen Kostenstellen umzulegen[694].

---

[689] Vgl.   https://www.usp.gv.at/Portal.Node/usp/public/content/steuern_und_finanzen/koerperschaftsteuer/40362.html
[690] Vgl. Denk et. al. (2010), S. 32, Vgl. Denk et. al. (2010), S. 483
[691] Vgl. Amely, Krickhahn (2013), S. 347
[692] Vgl. Amely, Krickhahn (2013), S. 347
[693] Vgl. Amely, Krickhahn (2013), S. 347
[694] Vgl. Schaffhauser-Linzatti (2012), S. 332

Kostenrechnung

Teilsystem des Rechnungswesens, das sich mit Preisentscheidungen, Sortimentsentscheidungen, Verfahrensentscheidungen, Make-or-buy-Entscheidungen, Outsourcing-Entscheidungen und der Kostenplanung und Kostenkontrolle beschäftigt[695].

Kostenstellen

Betriebliche Leistungsbereiche, die nach bestimmten Gesichtspunkten wie Funktionen, Arten, Sparten, Regionen oder anderen Gesichtspunkten aufgegliedert werden können[696]. Kostenstellen werden nach dem Verbrauch bestimmte Gemeinkosten zugeordnet[697].

Kostenträger

Selbstständige Leistungseinheiten im Unternehmen, die das verkaufsfertige Produkt erzeugen[698].

---

[695] Vgl. Schneider et. al. (2018), S. 17
[696] Vgl. Schaffhauser-Linzatti (2012), S. 68
[697] Vgl. Schaffhauser-Linzatti (2012), S. 68
[698] Vgl. Schaffhauser-Linzatti (2012), S. 73

Kostenträgerrechnung

Instrument der Kostenrechnung, bei dem die Zurechnung der
Kosten für jedes einzelne Produkt und jede einzelne Dienst-
leistung auf den Kostenträger erfolgt[699].

Kredit

Bezeichnung für die Überlassung von Kapital oder der Bereitstellung einer Kapitaldeckung. Ein Synonym für diesen Begriff
der Fremdkapitalfinanzierung ist auch Darlehen.[700]

Kreditor

Buchhalterischer Begriff für Kreditgeber/innen (Gläubiger/in-
nen). Kreditoren stellen somit Lieferanten/Lieferantinnen dar,
gegenüber denen ein Unternehmen Schulden (Verbindlichkeiten) hat.[701]

Krypto-Steuer

Im Rahmen der österreichischen Steuerreform 2022 werden
Kryptowährungen (wie z. B. Aktien) ab März 2022 besteuert.

---

[699] Vgl. Schaffhauser-Linzatti (2012), S. 351
[700] Vgl. Gabler Wirtschaftslexikon online (2021), Kredit | https://wirt-
schaftslexikon.gabler.de/definition/kredit-37070
[701] Vgl. Easy Business Training (2009), S. 146

Auf bestimmte digitale Einkünfte, beispielsweise aus Bezahlungsvorgängen mittels Bitcoins, fällt somit ein Steuersatz von 27,5 % an, unabhängig davon, wie lange diese gehalten wurden. Dies gilt für jede Kryptowährung, die nach dem 28. Februar 2021 erworben wurde.[702]

Krypto-Währung

Diese Währungsform stellt eine digitale Form der Währung dar, dient der Bezahlung und steht in engem Konnex zur Blockchain-Technologie.

Kumulierte Abschreibung

Bei der kumulierten bzw. indirekten Abschreibungsmethode werden die Beträge der Abschreibung nicht vom jeweiligen Anlagenkonto abgebucht, sondern im Haben des jeweils zugeordneten Kontos. Es handelt sich dabei also um eine Verbuchungstechnik innerhalb der AfA (Absetzung für Abnutzung), mittels derer die Abschreibungsbeträge auf einem eigenen Konto gebucht werden können.

---

[702] Vgl. Tiroler Tageszeitung online (2021), Neue Besteuerung von Kryptowährungen ab 2022 | https://www.tt.com/artikel/30805632/neue-besteuerung-von-kryptowaehrungen-kommt-ab-1-maerz-2022

L

VON

« LAGEBERICHT »

BIS

« LUXUSTANGENTE »

Lagebericht

Pflichtbestandteil von mittelgroßen und großen Kapitalgesellschaften, der neben Bilanz, Gewinn- und Verlustrechnung und Anhang erstellt werden muss[703]. Der Zweck ist die Darstellung und Analyse des Geschäftsverlaufes mit Einbezug des Geschäftsergebnisses sowie die Abbildung und Analyse der Lage des Unternehmens[704]. Ferner hat der Lagebericht auf voraussichtliche Entwicklungen und Tätigkeiten im Bereich Forschung und Entwicklung, bestehende Zweigniederlassungen der Gesellschaft, Beschreibung von wesentlichen Finanzinstrumenten sowie den Bestand an eigenen Anteilen der Gesellschaft einzugehen.[705]

Der Lagebericht soll außerdem ein möglichst getreues Bild zur Finanz-, Ertrags-, und Vermögenslage vermitteln[706]. Ziel des Lageberichtes ist es daher, einen Ausblick auf zukünftige wirtschaftliche Entwicklungen zu erlangen[707].

---

[703] Vgl. § 243 Abs 1-2, 4-5 UGB
[704] Vgl. § 243 Abs 1-2 UGB
[705] Vgl. § 243 Abs 3 UGB
[706] Vgl. Schaffhauser-Linzatti (2012), S. 53
[707] Vgl. Pilz (2013), S. 18

Land- und Forstwirte

Der Gewinn von Land- und Forstwirten ist mittels der doppelten Buchhaltung zu ermitteln, wenn der Umsatz in zwei aufeinander folgenden Geschäftsjahren mehr als € 700.000,00 beträgt (siehe § 125 Abs. 1 BAO). Ab dem übernächsten Jahr besteht somit Buchführungspflicht. Es wird dennoch auf die geltenden Sonderbestimmungen für Land- und Forstwirte verwiesen (siehe § 125 BAO). Bis zum Jahr 2020 galten gesonderte Bestimmungen (= Schwelle von € 550.000,00 statt € 700.000,00 bzw. Einheitswertgrenze von € 150.000,00), diese wurden aufgrund des Konjunkturstärkungsgesetzes 2020 geändert. Die Schwelle wurde in der BAO angepasst (nunmehr ebenfalls € 700.000,00), der Einheitswert entfällt völlig. Land- und Forstwirte sind von der Rechnungslegungspflicht ausgenommen, jedoch unter bestimmten Voraussetzungen buchführungspflichtig. Letzteres regelt für Land- und Forstwirte insbesondere die BAO.

Lastschrift

Berechtigung (häufig auch als Einzugsermächtigung bezeichnet) eines/einer Zahlungsempfängers/in, offene Beträge des/der Zahlungspflichtigen von dessen/deren Konto bei Fälligkeit abzubuchen[708].

Latente Steuern

Korrekturgröße, um den im Jahresabschluss ausgewiesenen Steueraufwand im Verhältnis zum dargestellten Gewinn vor Steuern zu bringen. Latente Steuern können in unterschiedlichen Formen entweder als aktive latente Steuern oder als passive latente Steuern auftreten und resultieren aus Unterschieden zwischen der steuerrechtlichen und der unternehmensrechtlichen Bilanz. In den latenten Steuern werden nur jene Differenzen erfasst, die sich im Zeitverlauf wieder aufheben. Für permanente Differenzen, wie beispielsweise für Aufwendungen, welche die Steuerbehörde nicht anerkennt, dürfen keine latenten Steuern gebildet werden.[709]

Leasing

Begriff für die Mischform von Kauf- und Mietvertrag. Investitions- und Konsumgüter werden auf bestimmte Zeit gegen Entgelt überlassen, dabei bleibt das wirtschaftliche Risiko beim Leasingnehmer (Vermieter/in)[710].

---

[708] Vgl. Grbenic/Zunk (2019), S. 133
[709] Vgl. Auer (2018), S. 94
[710] Vgl. BfDuW (2019a) Leasing

Leergut

Transportverpackungen, die zusätzlich zum Warenwert abgerechnet werden und bei Retournierung wieder gutgeschrieben werden.[711] Häufig spricht man in diesem Zusammenhang auch von Emballagen.

Beispiele: Pfandflaschen, Pfandkisten, Pfandfässer, etc.

Lehrlingsentschädigung

Vom Dienstgeber/der Dienstgeberin erhalten Dienstnehmer/innen für die Arbeitsleistung ein Entgelt. Für die Gruppe der Lehrlinge wird der Begriff für dieses Entgelt als Lehrlingsentschädigung bezeichnet.[712]

Leistung

Wertzuwachs, der in Verbindung mit der betrieblichen Leistungserstellung und Leistungsverwertung steht und in Geld bewertet werden kann[713]. Sonstige Leistungen im Sinne des UStG (§ 3a) sind:[714]

1. Positives Tun

---

[711] Vgl. Zschenderlein (2015), S. 95
[712] Vgl. Schneider et. al. (2018), S. 184
[713] Vgl. Denk et. al. (2010), S. 32
[714] Vgl. § 3a Abs. 1 UStG

2. Unterlassen
3. Dulden

Sonstige Leistungen sind das Gegenteil einer Lieferung. Eine Lieferung bezieht sich auf einen spezifischen Gegenstand, die (sonstige) Leistung nicht.

Lieferung

Prozess der Verschaffung der Verfügungsmacht über ein definiertes Wirtschaftsgut bzw. einer definierten Ware[715]. Durch die Lieferung wird der Käufer/die Käuferin befähigt, den Kaufgegenstand im eigenen Namen zu verfügen[716].

LIFO-Verfahren

Bewertungsverfahren von Vorratsbeständen, bei welchem die zuletzt eingegangenen bzw. zuletzt hergestellten Gegenstände zuerst verbraucht werden[717]. Am Bilanzstichtag berechnet sich der Endbestand aus den ältesten Zugängen[718].

---

[715] Vgl. Urianek (2014), S. 145
[716] Vgl. Urianek (2014), S. 145
[717] Vgl. Denk et. al. (2010), S. 241
[718] Vgl. Denk et. al. (2010), S. 241

Dieses Vorratsbewertungsverfahren wird von den Finanzbehörden als unzulässig angesehen[719].

Liquide Mittel

Bestandsgröße, die durch die Veränderungen von Ein- und Auszahlungen bestimmt wird[720]. Liquide Mittel setzen sich somit aus sämtlichen Bank- und Kassabeständen, Schecks und Wertpapiere (außer Aktien und mit Restlaufzeit kürzer oder gleich 3 Monate) zusammen[721]. Eine Zunahme von liquiden Mitteln führt zu Einzahlungen, eine Abnahme von liquiden Mitteln führt zu Auszahlungen[722]. Die liquiden Mittel stehen zu jedem Zeitpunkt zur Rückzahlung von kurzfristigen Verbindlichkeiten bereit[723].

Liquidität

Fähigkeit, Bereitschaft bzw. Möglichkeit des Unternehmens, jederzeit seine Zahlungsverpflichtungen zu erfüllen[724].

---

[719] Vgl. Denk et. al. (2010), S. 241
[720] Vgl. Denk et. al. (2010), S. 26
[721] Vgl. Denk et. al. (2010), S. 26
[722] Vgl. Auer (2018), S. 114
[723] Vgl. Schaffhauser-Linzatti (2012), S. 386
[724] Vgl. Denk et. al. (2010), S. 484

Lizenz

Ausdruck für eine rechtskräftige und/oder behördliche Genehmigung oder Erlaubnis. Eine Lizenz kann auch ein Nutzungsrecht an Schutzrechten begründen.[725]

Lizenzgebühr

Entgelt für die Verwendung/Verwertung von Lizenzen oder Patenten aufgrund eines Lizenzvertrages.[726]

LOFO-Verfahren

Bewertungsverfahren von Vorratsbeständen, bei welchem von der Annahme ausgegangen wird, dass jene Gegenstände mit den niedrigsten Anschaffungs- und Herstellungskosten als erstes verbraucht werden[727]. Dieses Vorausbewertungsverfahren wird von den Finanzbehörden als unzulässig angesehen, weil es kaum der Wirklichkeit entspricht[728].

---

[725] Vgl. BfDuW (2019a) Lizenz
[726] Vgl. Gabler Wirtschaftslexikon online (2021), Lizenzgebühren | https://wirtschaftslexikon.gabler.de/definition/lizenzgebuehren-41475
[727] Vgl. Denk et. al. (2010), S. 243
[728] Vgl. Denk et. al. (2010), S. 243

Lohn

Vom Dienstgeber/der Dienstgeberin erhalten Dienstnehmer/innen für die Arbeitsleistung ein Entgelt. Für die Gruppe der Arbeiter/innen wird der Begriff für dieses Entgelt als Lohn bezeichnet.[729]

Lohnsteuer

Einkommenssteuer für Einkünfte aus nicht selbstständiger Tätigkeit (Arbeitsverhältnissen), die der/die Arbeitgeber/in einbehält und direkt dem Finanzamt abführt[730]. Bis zu einem Einkommen von € 11.000,- ist im Allgemeinen keine Lohnsteuer zu bezahlen (= steuerfreies Basiseinkommen für Selbstständige).

Luxustangente

Steuerrechtliche Angemessenheitsgrenze im Zusammenhang mit der Anschaffung von Personen- oder Kombinationskraftwagen. Die Luxustangente besagt, dass die Anschaffungskosten von Personen- oder Kombinationskraftwagen

---

[729] Vgl. Schneider et. al. (2018), S. 184
[730] Vgl. BfDuW (2019a) Einkommenssteuer, Vgl. BfDuW (2019a) Lohnsteuer

(PKW und Kombi) nur dann angemessen sind, wenn die Anschaffungskosten inklusive Umsatzsteuer und Normverbrauchsabgabe 40.000,00 Euro nicht übersteigen. Bei Überschreitung der Luxustangente sind die anschaffungskostenabhängigen Nutzungsaufwendungen bzw. Ausgaben im entsprechenden Ausmaß zu kürzen. Bei gebrauchten Personen- oder Kombinationskraftwagen, die nicht mehr als fünf Jahre (60 Monate) nach ihrer Erstzulassung angeschafft wurden, hat eine Kürzung der Aufwendungen bzw. Ausgaben auf Grund der Verhältnisse zum Zeitpunkt der Erstzulassung des Fahrzeuges zu erfolgen.[731]

Häufig wird die Angemessenheitsgrenze, wie sie richtig heißt, mit der Bezeichnung „Luxustangente" umschrieben. Es handelt sich dabei um ein Synonym.

---

[731] PKW-Angemessenheitsverordnung (Fassung 04/2019)

M

VON

« MAHNUNG »

BIS

« MUTTERUNTERNEHMEN »

Mahnung

Schriftliche Aufforderung vom Gläubiger/der Gläubigerin, die fällige Forderung vom Schuldner/von der Schuldnerin einzutreiben[732]. Es handelt sich dabei um offene Zahlungsrückstände von nicht fristgerecht überwiesenen Geldbeträgen[733]. In Österreich ist eine Mahnungsausstellung nicht zwingend vorgeschrieben.

Mahnspesen

Bei Nichteinhaltung eines vereinbarten Zahlungszieles seitens des Käufers, kann der Verkäufer Mahnspesen in Rechnung stellen, sofern ein Verschulden auf Käuferseite erkennbar ist. Mahnspesen können ihrer Höhe nach variieren, wobei diese in einem bestimmten Verhältnis zum offenen Rechnungsbetrag stehen muss.

Maßgeblichkeitsprinzip

Bestimmung, dass für die steuerliche Gewinnermittlung prinzipiell die Vorschriften des Unternehmensgesetzbuches maßgeblich sind[734]. Abweichungen sind nur dann möglich, wenn

---

[732] Vgl. BfDuW (2019a) Mahnung
[733] Vgl. BfDuW (2019a) Mahnung
[734] Vgl. Denk et. al. (2010), S. 81

steuerliche Gesetze zwingende Abweichungen vorschreiben[735]. Beispiele für Abweichungen sind die Abschreibung des Firmenwertes (Abschreibung im Steuerrecht: 15 Jahre; Abschreibung im UGB: 10 Jahre), Pauschalrückstellungen, sowie Pauschalwertberichtigungen von Forderungen (steuerrechtlich nicht anerkannt, aber unternehmensrechtlich aufgrund des Vorsichtsprinzips verpflichtet)[736].

Materialeinzelkosten

Material, das dem Kostenträger direkt zurechenbar ist[737].

Beispiele: Roh- und Hilfsstoffe oder Halb- und Teilerzeugnisse[738].

Materialgemeinkosten

Kosten, die bei der Bereitstellung von Material oder bei der Manipulation anfallen[739].

---

[735] Vgl. Denk et. al. (2010), S. 81
[736] Vgl. Lang, Unger (2016), S. 17, Vgl. Denk et. al. (2010), S. 81
[737] Vgl. Denk et. al. (2010), S. 132
[738] Vgl. Denk et. al. (2010), S. 132
[739] Vgl. Denk et. al. (2010), S. 132

Mehr-Weniger-Rechnung

Diese ist eine Art Überleitungsmethode, um Auswirkungen des Gewinns von Änderungen an Positionen der Bilanz zu ermitteln. Bei diesem Prozess werden steuerlich nicht anerkannte Aufwendungen korrigiert (bei Differenzen) oder eliminiert[740]. Dies geschieht periodenübergreifend.

Mehrwertsteuer

Umgangssprachlicher Begriff für Umsatzsteuer und Vorsteuer. Wenn ein/e Unternehmer/Unternehmerin an Kunden/Kundinnen Waren und Dienstleistungen verkauft/erbringt, muss er/sie dem Kunden/der Kundin dafür Umsatzsteuer verrechnen[741]. Die Umsatzsteuer beträgt in der Regel 20 %, bei begünstigten Waren und Dienstleistungen beträgt der Umsatzsteuersatz 10 % bzw. 13 %[742]. Der/die Unternehmer/in führt die Steuer dem Finanzamt ab[743]. Der Umsatzsteuer unterliegen folgende Umsätze:

- Lieferungen und sonstige Leistungen im Rahmen des Unternehmens,

---

[740] Vgl. Denk et. al. (2010), S. 484
[741] Vgl. BfDuW (2019a) Umsatzsteuer
[742] Vgl. BfDuW (2019a) Umsatzsteuer
[743] Vgl. BfDuW (2019a) Umsatzsteuer

- der Eigenverbrauch des/der Unternehmers/Unternehmerin,

- Einfuhr von Gegenständen aus dem Drittlandgebiet[744].

Nicht der Umsatzsteuer unterliegen unter anderem:

- Umsätze von Kreditinstituten (Kreditzinsen, Wertpapierumsätze, Kontoführung)
- Umsätze von Kleinunternehmer/innen[745]

Die Vorsteuer ist ein Rückforderungsanspruch von umsatzsteuerpflichten Unternehmen, welche die in Rechnung gestellte Umsatzsteuer vom Bezugslieferanten im Rahmen der monatlichen bzw. quartalsmäßigen Umsatzsteuervoranmeldung vom zuständigen Finanzamt zurückfordern kann[746].

Miete

Entgelt für die Gebrauchsüberlassung an einer beweglichen oder unbeweglichen Sache[747].

---

744 Vgl. UStG (2019) § 1
745 Vgl. UStG (2019) § 1
746 Vgl. Schneider et. al. (2018), S. 57
747 Vgl. BfDuW (2019a) Miete

Mietvertrag

Schriftliche oder mündliche Vereinbarung zwischen Mieter/in und Vermieter/in (Eigentümer/in)[748]. In diesem Vertrag werden insbesondere gegenseitige Rechte und Pflichten für die Gebrauchsüberlassung der Mietgegenstände hinreichend bestimmt[749].

Mietvertragsgebühr

Gebühr auf Verträge, wodurch jemand den Gebrauch einer unverbrauchbaren Sache auf eine gewisse Zeit gegen einen bestimmten Preis erhält. Die Mietvertragsgebühr umfasst dabei Bestandsverträge, wie Mietverträge, Pachtverträge oder Leasingverträge und beträgt allgemein 1 Prozent, bei Jagdpachtverträgen 2 Prozent von der Bemessungsgrundlage. Die Bemessungsgrundlage ist einerseits abhängig von den vertraglich vereinbarten Leistungen, sowie andererseits von der vertraglich vereinbarten Dauer des Miet-, Pacht- bzw. Leasingvertrages.[750]

---

[748] Vgl. BfDuW (2019a) Mietvertrag
[749] Vgl. BfDuW (2019a) Mietvertrag
[750] Vgl. BfDuW (2019b) Gebühr für Mietverträge

Mindestkörperschaftssteuer

Bei Kapitalgesellschaften ist bei negativer Steuerbemessungsgrundlage eine Mindestkörperschaftssteuer zu entrichten. Die Höhe der Mindestkörperschaftssteuer ist im Körperschaftssteuergesetz geregelt. Die Mindestkörperschaftssteuer für Gesellschaften mit beschränkter Haftung beträgt seit dem Jahr 2024 jährlich einheitlich € 500,-, also 5 % des Mindestnennkapitals von € 10.000,-. Bei Aktiengesellschaften beträgt die Mindestkörperschaftssteuer € 3.500,- (5 % des Mindestnennkapitals von € 70.000,-) und ist kalendervierteljährlich zu entrichten.

Mindestkapital

Die Mindesthöhe des Nennkapitals ist bei Kapitalgesellschaften gesetzlich geregelt und beträgt bei der GmbH in Österreich seit 1. November 2023 aufgrund der Etablierung des Gesellschaftsrechts-Änderungsgesetz 2023 € 10.000,- (= Stammkapital) und bei der Aktiengesellschaft € 70.000,- (= Grundkapital)[751]. Bei Personengesellschaften und beim Einzelunternehmen ist kein Mindestkapital vorgesehen.

---

[751] Vgl. Denk et. al. (2010), S. 304

Mindestumsatz

Jene Summe an Erlösen, die erforderlich ist, damit eine Investition die Gewinnzone erreicht. Der Mindestumsatz berechnet sich wie folgt: Break-Even-Absatzmenge x Preis pro Einheit. [752]

Mitarbeitervorsorgekasse

Beitragsorientiertes System, bei dem laufende Beitragszahlungen in Höhe von 1,53 Prozent des monatlichen Entgeltes vom Dienstgeber/der Dienstgeberin an eine betriebliche Vorsorgekasse geleistet werden[753]. Der Abfertigungsanspruch wächst somit kontinuierlich im Rahmen eines Kapitaldeckungsverfahrens an[754].

Mittelherkunft

---

[752] Vgl. Easy Business Training (2009), S. 27, 28
[753] Vgl. BfDuW (2019b) Abfertigung
[754] Vgl. BfDuW (2019b) Abfertigung

Dies ist die Passivseite der Bilanz, welche darstellt, woher die finanziellen Mittel stammen und in welcher Form diese im Unternehmen eingegangen sind[755].

Mittelverwendung

Dies ist die Aktivseite der Bilanz, welche die Mittelverwendung widerspiegelt, indem dargestellt wird, in welche Vermögensgegenstände die finanziellen Mittel geflossen sind[756]. Die Aktivseite bildet somit den Einsatz des investierten Kapitals ab [757].

Mitunternehmer/in

Bezeichnung für Gesellschafter/innen von Personengesellschaften oder Personenvereinigungen ohne eigene Rechtspersönlichkeit[758].

Mutterunternehmen

---

[755] Vgl. Denk et. al. (2010), S. 9
[756] Vgl. Denk et. al. (2010), S. 9
[757] Vgl. Denk et. al. (2010), S. 49
[758] Vgl. Hilber (2015), S. 113

Bezeichnung für Unternehmen mit beherrschendem Einfluss auf mindestens ein anderes Unternehmen (Tochterunterneh-men). Damit entsteht zusammen ein Konzernverhältnis.[759]

---

[759] Vgl. Colbe et. al (2011), S. 564

N

VON

« NÄCHTIGUNGSGELD »

BIS

« NUTZUNGSENTNAHME »

Nächtigungsgeld

Entgelt für betriebsbedingte Nächtigungen bei Reisen im Inland. Mit der Abschaffung der sog. „Kalten Progression" wurde das pauschale Nächtigungsgeld mit 01.01.2025 auf einen Höchstbetrag von 17,00 Euro angehoben (zuvor 15,00 Euro).

Nachträglich erhaltener Rabatt

Erstattungen nach dem Kauf, welche die Schuld gegenüber dem Lieferanten vermindern[760].

Nachträglich gewährter Rabatt

Erstattungen nach dem Verkauf, welche die Forderung des Kunden/der Kundin nachträglich vermindern[761].

Nachfrist

Jener Zeitraum, der Abgabenpflichtigen für die Entrichtung zusteht, wenn Abgaben später als ein Monat vor Fälligkeit

---

[760] Vgl. Urianek (2014), S. 162
[761] Vgl. Urianek (2014), S. 162

festgesetzt werden. Die Nachfrist beträgt ein Monat ab Bekanntgabe des maßgeblichen Bescheides.[762]

Natürliche Person

Juristischer Begriff für einen Menschen[763]. Menschen können Träger/innen von Rechten und Pflichten sein[764]. Keine natürlichen Personen sind beispielsweise juristische Personen (GmbH, AG, Vereine), welche durch einen Rechtsakt entstehen[765].

Nebenbücher

Nebenbücher sind dazu bestimmt, Hauptbuchkonten zu erläutern. Das Anlageverzeichnis, das Kassabuch, das Lagerbuch, das Debitorenbuch und das Kreditorenbuch zählen beispielsweise zu den Nebenbüchern.[766]

Negatives Eigenkapital

Resultat, wenn das Eigenkapital durch Verluste aufgebraucht ist[767]. Der Ausweis erfolgt dabei mit negativen Vorzeichen auf

---

[762] § 210 Abs 4 BAO
[763] Vgl. BfDuW (2019a) Natürliche Person
[764] Vgl. BfDuW (2019a) Natürliche Person
[765] Vgl. BfDuW (2019a) Natürliche Person
[766] Vgl. Neugebauer (2008), S. 39
[767] Vgl. Denk et. al. (2010), S.306

der Passivseite der Bilanz[768]. Beim Vorliegen eines negativen Eigenkapitales ist zu prüfen, ob eine Überschuldung im Sinne des Insolvenzrechts vorliegt[769].

Nennkapital

Jener Bestandteil des Eigenkapitals, der durch den Gesellschaftsvertrag oder der Satzung der Höhe nach bestimmt wird und der jenes Kapital darstellt, für welches die Gesellschafter/innen gegenüber der Kapitalgesellschaft haften[770]. Die Mindesthöhe des Nennkapitals ist bei Kapitalgesellschaften gesetzlich geregelt und beträgt bei der GmbH seit der Etablierung des FlexKapGG im Jahr 2023 € 10.000,- (= Stammkapital). Bei der Aktiengesellschaft beträgt das Mindestkapitel € 70.000,- (= Grundkapital)[771]. Es gibt folgende Möglichkeiten, eine Kapitalerhöhung durchzuführen:[772]

- ordentliche Kapitalerhöhung
- bedingte Kapitalerhöhung
- genehmigtes Kapital
- nominelle Kapitalerhöhung bzw. Kapitalberichtigung

---

[768] Vgl. Denk et. al. (2010), S.306
[769] Vgl. Denk et. al. (2010), S.307
[770] Vgl. Denk et. al. (2010), S. 303
[771] Vgl. Denk et. al. (2010), S. 304
[772] Vgl. Denk et. al. (2010), S. 304

Folgende Möglichkeiten stehen Kapitalgesellschaften zur Verfügung, um Kapitalherabsetzungen durchzuführen:[773]

- ordentliche Kapitalherabsetzung
- vereinfachte Kapitalherabsetzung
- Kapitalherabsetzung durch Einziehung von Aktien und Gesellschaftsanteilen

Das in der Bilanz ausgewiesene Nennkapital zeigt somit die Summe sämtlicher vorhandener Aktien und Gesellschaftsanteile[774].

Nenn- oder Nominalwert

Jener Wert, der entweder dem Grundkapital/Stammkapital einer Kapitalgesellschaft (Aktiengesellschaft/Gesellschaft mit beschränkter Haftung) gleichkommt oder der dem Betrag entspricht, auf den Verbindlichkeiten/Forderungen bei ihrer Entstehung lauten oder den auf der Urkunde aufgedruckten Wert bei Obligationen entspricht.[775]

---

[773] Vgl. Denk et. al. (2010), S. 304
[774] Vgl. Schaffhauser-Linzatti (2012), S. 285
[775] Vgl. Schneider (2016), S. 19

Nettobetrag

Darunter versteht man den Betrag nach Abzug von sämtlichen Steuern[776]. Unter dem Nettobetrag wird der Rechnungspreis ohne (exklusive) Umsatzsteuer verstanden.[777]

Netto-Geldvermögen

Größe, die sich aus den liquiden Mitteln, den sonstigen Finanzvermögen und den Forderungen – vermindert um das Fremdkapital – zusammensetzt[778]. Eine Erhöhung des Netto-Geldvermögens resultiert aus einer Einzahlung, eine Verminderung des Netto-Geldvermögens resultiert aus einer Ausgabe[779]. Das Netto-Geldvermögen ist ein Saldo aus Forderungen und Verbindlichkeiten.

Neutraler Aufwand

Begriff aus der Kostenrechnung, der einen Aufwand abbildet, der nicht dem Sachziel des Unternehmenszwecks dient oder außerhalb der primären unternehmerischen Tätigkeit liegt[780].

---

[776] Vgl. BfDuW (2019a) Nettobetrag
[777] Vgl. Easy Business Training (2009), S. 149
[778] Vgl. Auer (2018), S. 114
[779] Vgl. Auer (2018), S. 114
[780] Vgl. Kolb (2018), S. 113

Neutrale Aufwendungen kann man folgendermaßen klassifizieren:

- betriebszweckfremd,

  (jene Aufwendungen, die nicht im Zusammenhang mit dem Unternehmensgegenstand stehen)
- außerordentlich,

  (Aufwendungen, die außerhalb des normalen Betriebsablaufes anfallen)
- periodenfremd,

  (Zurechnung des Aufwandes erfolgt in einer anderen Periode)
- bewertungsbedingt.[781]

  (höherer/niedrigerer Aufwand, der sich aufgrund von unterschiedlichen Wertansätzen ergibt)

Niederstwertprinzip

Grundsatz, dass auf der Aktivseite der Bilanz prinzipiell der niedrigste Wertansatz gewählt werden muss[782]. Das Niederstwertprinzip unterscheidet folgende zwei Ausprägungen:[783]

---

[781] Vgl. Peyerl (2015), S. 21-22
[782] Vgl. Denk et. al. (2010), S. 484
[783] Vgl. Schaffhauser-Linzatti (2012), S. 124

- 1. Ausprägung: gemildertes Niederstwertprinzip = Sowohl bei kurzfristiger als auch bei langfristiger Wertminderung, soll eine Abschreibung erfolgen[784].

- 2. Ausprägung: strenges Niederstwertprinzip = Eine Abschreibung soll nur dann erfolgen, wenn eine voraussichtliche dauernde Wertminderung vorliegt.[785]

Noch nicht abrechenbare Leistungen

Gegenstück zu unfertigen Erzeugnissen in Dienstleistungsunternehmen[786]. Noch nicht abrechenbare Leistungen werden in den Vorräten ausgewiesen und umfassen begonnene Dienstleistungen, die zum Bilanzstichtag noch nicht abgeschlossen wurden[787].

Beispiele: begonnene Planungen bei Architekten, begonnene Gutachten bei einem Sachverständigen, etc. …

---

[784] Vgl. Auer (2018), S. 275
[785] Vgl. Auer (2018), S. 275
[786] Vgl. Denk et. al. (2010), S. 227
[787] Vgl. Denk et. al. (2010), S. 227

NoVA

Bezeichnung für die Normverbrauchsabgabe, die an die Finanzbehörde zu zahlen ist, wenn ein Kraftfahrzeug in Österreich an Kunden/innen geliefert wird oder zum ersten Mal ein Kraftfahrzeug zum Verkehr in Österreich zugelassen wird.[788] Seit dem 1. Januar 2020 gibt es verschärfte Regelungen hinsichtlich der Ermittlung der NoVA, um die Abgabe anhand der CO_2-Emissionen noch genauer berechnen zu können. Bei PKW und Kombis wird dies mit dem Verfahren „WLTP" (= Worldwide harmonized Light vehicles Test Procedure) und bei Krafträdern mit dem Prüfverfahren „WMTC" (= World Motorcycle Test Cycle) durchgeführt.[789]

Seit 2021 gibt es Verschärfungen (z. B. Erhöhung der Steuer bei neuen Fahrzeugen) als auch Erleichterungen bei der NoVA (z. B. Befreiung von der Abgabe auch bei Leasingmodellen für Menschen mit Behinderungen).

---

[788] Vgl. BMF (2019) Normverbrauchsabgabe (NoVA)
[789] Vgl. https://www.oeamtc.at/thema/steuern-abgaben/nova-18177294

Nutzungsdauer

Zeitraum der zukünftigen Nutzung, über den sich die Herstellungs- und Anschaffungskosten verteilen[790]. Der Zeitraum orientiert sich an der voraussichtlichen wirtschaftlichen Nutzungsdauer und berücksichtigt Faktoren wie Art, äußere Einflüsse, Gebrauch, technische Lebensdauer oder zukünftige Entwicklungen[791]. Da eine exakte Bestimmung der zukünftigen Nutzungsdauer nicht genau vorhersehbar ist, handelt es sich um einen Näherungswert.[792]

Nutzungsentnahme

Tatbestand der Privatentnahme, wenn der/die Unternehmer/in oder ein/e Unternehmensangehörige/r einen Gegenstand für private Zwecke verwendet[793].

---

790 Vgl. Denk et. al. (2010), S. 152, 153
791 Vgl. Denk et. al. (2010), S. 153
792 Vgl. Lind-Braucher; Müller (2018), S. 85
793 Vgl. Zschenderlein (2015), S. 142

VON

« OFFENE GESELLSCHAFT »

BIS

« OPPORTUNITÄTSKOSTEN »

Offene Gesellschaft

Ist eine Personengesellschaft, der mindestens zwei Gesellschafter/innen angehören.[794] Die Gesellschafter/innen sind gesamthandschaftlich verbunden und haften unbeschränkt gegenüber Gesellschaftsgläubiger/innen.[795] Die Gesellschaft ist rechtsfähig und kann zu jedem erlaubten Zweck gegründet werden.[796]

Offenlegungspflicht

Innerhalb von neun Monaten nach dem Bilanzstichtag haben die gesetzlichen Vertreter/innen von Kapitalgesellschafen den Jahresabschluss samt Lagebericht und ggf. den Corporate-Governance-Bericht inklusive des Bestätigungsvermerkes beim jeweiligen zuständigen Firmenbuchgericht einzureichen[797]. Ferner besteht für große Kapitalgesellschaften die Pflicht, den Jahresabschluss spätestens neun Monate nach dem Bilanzstichtag im „Amtsblatt zur Wiener Zeitung" bzw. in

---

[794] Vgl. § 105 UGB
[795] Vgl. § 105 UGB
[796] Vgl. § 105 UGB
[797] Vgl. § 277 Abs 1 UGB

einem sonstigen „allgemein erhältlichen Bekanntmachungsblatt" zu veröffentlichen[798] (siehe hierzu § 65a BWG). Aufgrund der Neustrukturierung der "Wiener Zeitung" im Jahr 2023, etablierte der Gesetzgeber das digitale Amtsblatt der Republik Österreich. Diese elektronische Verlautbarungs- und Informationsplattform (EVI) kann nunmehr als Veröffentlichungsort für die Verlautbarungen des Jahresabschlusses und des Konzernabschlusses gewählt werden.

Ökologischer Investitionsfreibetrag

Mit diesem Freibetrag wird seitens des österreichischen Gesetzgebers das Ziel verfolgt, Anreize für Unternehmensinvestitionen zu schaffen, die ökologische Aspekte in den Mittelpunkt stellen. Ein Ziel ist es unter anderem, Unternehmen klimafreundlicher zu gestalten und dahingehend neue Akzente bzw. Maßnahmen in den Unternehmungen zu konstituieren. Der ökologische Investitionsfreibetrag wurde im Jahr 2023 eingeführt, es können max. 15 % der Herstellungs- bzw. Anschaffungskosten in steuerlicher Hinsicht abgesetzt werden. Nicht unter den Freibetrag fallen z. B. geringwertige Wirt-

---

[798] Vgl. § 277 Abs 2 UGB

schaftsgüter (GWGs) oder jene, die nicht einer Ökologisierung dienen, also beispielsweise PKWs mit Verbrennungsmotoren oder gebrauchte Wirtschaftsgüter.[799]

Ökosoziale Steuerreform

Man führt einen Preis bzw. eine Steuer (für z. B. Treibhausgasemissionen) ein und verwendet die Steuererlöse, um die Mehrbelastung privater Haushalte zu kompensieren, mögliche negative soziale und wirtschaftliche Nebeneffekte zu beseitigen bzw. diese sogar ins Gegenteil zu verkehren. Durch die österreichische Steuerreform 2022/23 wird angestrebt, die Steuer- und Abgabenquote in Richtung 40 % zu senken und die Wettbewerbsfähigkeit der österreichischen Wirtschaft zu stärken.[800]

---

[799] Vgl. Zeitung „Der Standard" online (2021), Steuerrecht: Steuerreform bringt neuen Investitionsfreibetrag | https://www.derstandard.at/story/2000131588237/steuerreform-bringt-neuen-investitionsfreibetrag-mit-gruener-note
[800] Vgl. A&W Blog (2021), Ökosoziale Steuerreform | https://awblog.at/oekosoziale-steuerreform/

Opportunitätskosten

Begriff für Kosten der verpassten Gelegenheit (Alternativkosten) bzw. Kosten der entgangenen Chance (Verzichtskosten)[801]. Opportunitätskosten entstehen immer dann, wenn ein/e Unternehmer/in vor zwei Optionen steht, beispielsweise handeln oder nicht handeln[802]. Durch das Handeln entstehen für den/die Unternehmer/in Kosten, jedoch ermöglicht dies neue Chancen, wie beispielsweise neue/mehr Kunden/Kundinnen zu gewinnen und dadurch höhere Erlöse zu erwirtschaften[803]. Durch den Verzicht einer Entscheidung fallen keine Kosten an, was sich allerdings negativ auf zukünftige Chancen auswirkt[804].

Opportunitätskosten drücken somit den entgangenen, in Kosten bewerteten Nutzen aus[805]. Die Berechnung von Opportunitätskosten erweist sich häufig als nicht so einfach.[806]

---

[801] Vgl. Kolb (2018), S. 116; Vgl. Easy Business Training (2009), S. 59

[802] Vgl. Easy Business Training (2009), S. 59

[803] Vgl. Easy Business Training (2009), S. 59

[804] Vgl. Easy Business Training (2009), S. 59

[805] Vgl. Kolb (2018), S. 116

[806] Vgl. Easy Business Training (2009), S. 59

P

VON

« PACHT »

BIS

« PUBLIZITÄT »

Pacht

Überlassung von unverbrauchbaren Sachen (beispielsweise ein Geschäftslokal) auf bestimme Zeit[807]. Im Unterschied zur Miete kann bei der Pacht der Pächter die Sache auch wirtschaftlich (mit Fokus auf Gewinnerzielung) nutzen[808].

Passiva

Die Passiva spiegelt die Mittelherkunft wider, indem dargestellt wird, woher die finanziellen Mittel stammen und in welcher Form diese eingegangen sind[809].

Passive latente Steuern

Korrekturgröße, die dann gebildet wird, wenn der Gewinn im Jahresabschluss höher ist als der Gewinn im Steuerabschluss[810].

---

[807] Vgl. BfDuW (2019a) Pacht
[808] Vgl. BfDuW (2019a) Pacht
[809] Vgl. Denk et. al. (2010), S. 9
[810] Vgl. Auer (2018), S. 94

Beispiel: Eine passive latente Steuer wird dann angesetzt, wenn im Jahresabschluss (nach UGB) eine Abschreibung auf Basis einer längeren Nutzungsdauer verwendet wurde als im Steuerrecht vorgesehen[811].

Passive Rechnungsabgrenzungen

Sind Einnahmen für Erträge vor dem Bilanzstichtag, welche dem folgenden Wirtschaftsjahr zugehörig sind[812].

Passivtausch

Ein Geschäftsfall, der zwei Positionen auf der Passivseite verändert[813]. Ein passives Bestandskonto wird im Wert erhöht, das andere passive Bestandskonto wird um denselben Wert vermindert[814].

Beispiel: Ein Unternehmen begleicht eine offene Verbindlichkeit mit einem Kredit.

---

[811] Vgl. Auer (2018), S. 94
[812] Vgl. § 198 Abs 6 UGB
[813] Vgl. Urianek (2014), S. 68
[814] Vgl. Urianek (2014), S. 68

Patent

Gibt dem Inhaber das ausschließliche Recht, den Gegenstand geschützt betriebsmäßig zu gebrauchen, den Gegenstand herzustellen oder diesen im Umlauf zu bringen[815].

Patronatserklärung

Erklärung des Mutterunternehmens eines Konzerns, das Tochterunternehmen stets mit ausreichend liquiden Mitteln auszustatten bzw. zu versorgen[816].

Pauschale Einzelwertberichtigung

Gruppenweise Bewertung von Forderungen, die nach bestimmten Kriterien gegliedert werden. Dabei darf insbesondere für gefährdete Forderungen eine pauschale Einzelwertberichtigung von 2,5 % der gefährdeten Forderungen gebildet werden, wenn dies der durchschnittliche Forderungsausfall der vergangenen Jahre rechtfertigt. Ferner kann für überfäl-

---

[815] Vgl. BfDuW (2019a) Patent
[816] Vgl. Denk et. al. (2010), S. 106

lige offene Forderungen eine pauschale Einzelwertberichtigung in der Höhe von 1 % pro Monat (für die Zinsen) gebildet werden.[817]

Pauschalwertberichtigung

Berichtigungsverfahren von Forderungen, bei denen der Risikoeintritt noch nicht konkret ist, jedoch wird von einem vermuteten Ausfallrisiko (Zahlungsunfähigkeit oder Uneinbringlichkeit) ausgegangen.[818]

Periodenabgrenzung

Einer der Grundsätze ordnungsgemäßer Buchführung und Bilanzierung (GoB)[819]. Der Ausweis von Aufwendungen und Erträgen ist grundsätzlich nach dem Anfallen vorzunehmen[820]. Durch Rechnungsabgrenzungen sollen jene Aufwendungen und Erträge, die nicht die laufenden Geschäftsjahre betreffen, anteilig abgegrenzt werden[821].

---

[817] Vgl. Grünberger (2018), S. 185
[818] Vgl. Grünberger (2018), S. 184
[819] Vgl. Denk et. al. (2010), S. 58
[820] Vgl. Auer (2018), S. 275
[821] Vgl. Auer (2018), S. 275

Personalaufwand

Posten beim Gesamtkostenverfahren innerhalb der Gewinn- und Verlustrechnung, bei welchen sämtlichen Aufwendungen, die im Zusammenhang mit Löhnen und Gehältern stehen, erfasst werden[822].

Point-of-Sale-Terminal (POS)

Ein sogenanntes POS-Terminal dient der bargeldlosen Bezahlung. In der praktischen Anwendung stehen solche Online-Terminals insbesondere mit Kartenzahlungen (Bankomat- und Kreditkarten) in Verbindung.

Preisabzug

Kaufpreisminderung (Abzüge) des Käufers/der Käuferin oder des Verkäufers/der Verkäuferin auf den ursprünglichen Rechnungsbetrag. Verminderungen auf Käufer/innenseite resultieren beispielsweise durch Skontozahlungen, Preisminderungen auf Verkäufer/innenseite haben ihren Ursprung beispielsweise in nachträglich gewährten Rabatten.[823]

---

[822] Vgl. Auer (2018), S. 76
[823] Vgl. Zschenderlein (2015), S. 333

Primäre Gemeinkosten

Aufgeschlüsselte Gemeinkosten der Haupt-, Hilfs- und Nebenkostenstellen[824].

Privateinlagen

Zuführungen des/der Unternehmers/Unternehmerin aus dem privaten Bereich in das Unternehmen[825].

Beispiele für solche Einlagen: Geld, Sacheinlagen oder andere Wirtschaftsgüter[826], etc.

Privatentnahme

Abgänge des Unternehmens, wenn der/die Unternehmer/in betriebliche Wirtschaftsgüter oder Leistungen für private (betriebsfremde) Zwecke entnimmt[827]. Bei der Verbuchung von Privatentnahmen von Waren ist Umsatzsteuer und Eigenverbrauch zu buchen, da eine Privatentnahme von Waren wie ein Verkauf an den Unternehmer/die Unternehmerin selbst gewertet wird.

---

[824] Vgl. Schaffhauser-Linzatti (2012), S. 69
[825] Vgl. Urianek (2014), S. 60
[826] Vgl. Urianek (2014), S. 60
[827] Vgl. Urianek (2014), S. 60

Privatentnahmen können in die folgenden Bereiche unterschieden werden:

- Geldentnahmen,
- Sachentnahmen,
- Nutzungsentnahmen,
- Leistungsentnahmen.

Privatkonto

Jenes Konto, das sämtliche Privateinlagen des/der Unternehmers/Unternehmerin in dem Unternehmen sowie sämtliche Privatentnahmen des/der Unternehmers/Unternehmerin vom Unternehmen darstellt[828]. Aufgrund der übersichtlicheren Darstellung kann eine Unterteilung in Barentnahmen, Sachentnahmen, Privatanteile, Privatsteuern und Sonderausgaben erfolgen[829].

Privatsteuern

Steuern, die nicht unmittelbar durch den Betrieb veranlasst sind und die Privatsphäre des/der Unternehmers/Unternehmerin betreffen.[830]

---

[828] Vgl. Urianek (2014), S. 60
[829] Vgl. Urianek (2014), S. 64
[830] Coenenberg et. al. (2012), S. 284

Beispiele: Einkommenssteuer, Grundsteuer auf Privatgrund, in Deutschland die Kirchensteuer, etc.

Privatvermögen

Vermögenswerte und Schulden, die der Privatsphäre des/der Unternehmers/Unternehmerin zugerechnet werden können. Über Privatvermögen können nur Einzelunternehmer/innen und Personengesellschaften verfügen.[831] Privatvermögen besitzt der/die Unternehmer/in bzw. der/die Gesellschafter/in persönlich[832].

Proforma-Rechnung

Eine für Zollzwecke ausgestellte Rechnung, die beim Versand von kostenlosen Artikeln (wie Mustersendungen, Ersatzteile etc.) im Rahmen eines Exports benötigt wird.[833]

---

[831] Coenenberg et. al. (2012), S. 338
[832] Vgl. Easy Business Training (2009), S. 152
[833] Vgl. Die Industrie- u. Handelskammern in NRW (2010), S. 60

Prokurist/in

Im Firmenbuch eingetragene Person mit umfassender Handlungsvollmacht mit gesetzlich festgelegtem, grundsätzlich unbeschränkbarem Umfang. Die Prokura berechtigt die Person, alle gerichtlichen und außergerichtlichen Geschäfte und Rechtshandlungen, die der Betrieb eines beliebigen Handlungsgewerbes mit sich bringt, auszuüben.[834] Abgekürzt wird die Funktion meist mit „Prok." (Prokurist/in) oder „ppa." (aus dem Lateinischen: „per prokura autoritate", im Deutschen: „mit der Macht einer Prokura").

Prüfung des Abschlusses

Gesetzliche Pflicht, den Jahresabschluss bzw. ggf. zusätzlich den Konzernabschluss durch eine/n Wirtschaftsprüfer/in prüfen zu lassen. Der/die Abschlussprüfer/in hat festzustellen, ob beim Abschluss die Rechnungslegungsvorschriften eingehalten wurden und ob der Abschluss im Einklang mit dem Gesellschaftsvertrag und der Satzung ist.[835]

---

[834] Vgl. Gabler Wirtschaftslexikon online (2021), Prokura | https://wirtschaftslexikon.gabler.de/definition/prokura-45796
[835] Vgl. § 274 UGB

Prüfungsurteil

Das Prüfungsurteil gibt Auskunft, ob der Jahresabschluss den gesetzlichen Vorschriften entspricht und ob nach Auffassung des Abschlussprüfers/der Abschlussprüferin der Jahresabschluss (sowie eventuell der Konzernabschluss) den gesetzlichen Vorschriften entspricht und ein möglichst getreues Bild der Vermögens-, Finanz- und Ertragslage des Unternehmens (bzw. des Konzerns) vermittelt. Der/die Abschlussprüfer/in testiert dafür ein uneingeschränktes, ein eingeschränktes oder ein negatives Prüfungsurteil.

Ist der/die Abschlussprüfer/in nicht in der Lage, ein Prüfungsurteil abzugeben, so hat diese/r die Nichterteilung im Bestätigungsvermerk anzugeben.[836]

Prüfungsvermerk

Bezeichnung für den Bestätigungsvermerk des Abschlussprüfers, der damit sein Prüfungsurteil zusammenfasst. Der Bestätigungsvermerk erläutert den Gegenstand der Prüfung, den Abschlusszeitraum und Bilanzstichtag, die Rechnungslegungsgrundsätze, die Art und den Umfang der Prüfung, sowie das Prüfungsurteil.

---

[836] Vgl. § 274 UGB

Publizität

Öffentliche Bereitstellung von Unternehmensinformationen über verschiedene Kanäle. Die Unternehmenspublizität kann auf freiwilliger Basis erfolgen oder gesetzlich vorgeschrieben sein. Die gesetzliche Publizität dient dem Individualschutz (Schutz vor Risiken durch Wissensvorsprung) und dem Funktionsschutz (Märkte funktionieren besser) der Stakeholder.

Q

VON

« QUALITÄTSMANAGEMENT »

BIS

« QUITTUNG »

Qualitätsmanagement

Dem Qualitätsmanagement werden betriebliche Organisation, Planung und Kontrolle zugeordnet. Vorrangiges Ziel des Qualitätsmanagements ist es, den Unternehmenserfolg zu steigern. Weiters sollte die Qualität von unternehmerischen Prozessen optimiert und die Produktion des Betriebes effizient weiterentwickelt werden. Für die Zielerreichung ist es notwendig, alle Akteur/innen des Unternehmens (z. B. Mitarbeiter/innen) in die Prozessoptimierung miteinzubinden. Damit kann eine längerfristige Effizienzsteigerung erzielt werden.[837]

Quellensteuer

Die Quellensteuer wird den Ertragssteuern zugeordnet und wird direkt bei Entstehen von Einkünften eingehoben. Der Terminus findet meist in Deutschland Verwendung. Die Quellensteuer wird vom Erbringer/von der Erbringerin der Leistung an das Finanzamt abgeführt. Die Erbringung der Steuer ist

---

[837] Vgl. Rechnungswesen verstehen online (2022), Qualitätsmanagement | https://www.rechnungswesen-verstehen.de/lexikon/qualitaetsmanagement.php

nicht an die Zahlungsfähigkeit des Schuldners/der Schuldnerin gebunden und somit gleichzeitig eine Sicherstellung für den Staat.[838]

Beispiele: Kapitalertragssteuer, Lohnsteuer, etc.

Quittung

Ausdruckweise für eine Zahlungsbestätigung, die als Nachweis über die Bezahlung in der Buchhaltung dient. Belege, Rechnungen und Zahlungsbestätigungen sollen als Nachweise stets aufbewahrt werden.[839] Die gesetzlichen Vorschriften hinsichtlich der Aufbewahrungsfristen sind dementsprechend zu beachten: Allgemeine Belege müssen 7 Jahre lang aufbewahrt werden, Belege betreffend Grundstücke 22 Jahre und Belege im Rahmen von bestimmten COVID-19-Förderungen 10 Jahre (mit spezifischen Abweichungen je nach Art der Förderung, z. B. Investitionsprämie 10 Jahre, Kurzarbeit 10 Jahre und Förderungen iSd COFAG 7 Jahre). Bei Nichtbeachtung der gesetzlichen Fristen zur Aufbewahrung können Strafen verhängt werden (gem. FinStrG bis zu € 5.000,- und gem. UStG bis zu € 50.000,-).

---

[838] Vgl. Rechnungswesen verstehen online (2022), Quellensteuer | https://www.rechnungswesen-verstehen.de/lexikon/quellen-steuer.php
[839] Vgl. BfDuW (2019a) Quittung

R

VON

« RABATT »

BIS

« RUMPFWIRTSCHAFTSJAHR »

Rabatt

Preisnachlass, den ein Unternehmen aus verschiedensten Gründen seinen Kunden (seiner Kundinnen) gewährt[840].

Beispiele: Mengenrabatt, Großhandelsrabatt, Treuerabatt, etc. ...

Rating

Methode zur Einstufung der Kreditwürdigkeit von Unternehmen oder Wertpapieren. Die Beurteilung wird von spezialisierten Agenturen vorgenommen, welche durch definierte Kriterien unter Berücksichtigung von Risiken eine Klassifizierung vornehmen. Diese Kennzeichnung der Kreditwürdigkeit erfolgt innerhalb von Skalen durch eine Kombination von Buchstaben und Zeichen.

Beispiel für eine Klassifizierung einer Ratingagentur: AA+.[841]

---

[840] Vgl. Urianek (2014), S. 160
[841] Vgl. Kompakt-Lexikon Wirtschaft (2014), S. 111
Volltext Quelle: Kompakt-Lexikon Wirtschaft (2014) 5.400 Begriffe nachschlagen, verstehen, anwenden; Springer Fachmedien Wiesbaden (Hrsg.)

Realisationsprinzip

Einer der Grundsätze ordnungsgemäßer Buchführung und Bilanzierung (GoB). Gewinne, die noch nicht realisiert wurden, dürfen im Jahresabschluss erst zum Zeitpunkt der Realisierung ausgewiesen werden. Die Realisierung ist jener Zeitpunkt, bei dem die Leistungserstellung oder der Gefahrenübergang erfolgt.[842]

Rechnung

Bezeichnung für eine Urkunde, mit der der/die Unternehmer/in eine Lieferung oder sonstige Leistung abrechnet[843]. Im Geschäftsverkehr gibt es verschiedene Bezeichnungen für solche Dokumente, wie beispielsweise Abrechnung, Quittung, Frachtbriefe oder Gegenrechnung[844].

Wichtige Hinweise zu elektronischen Rechnungen:

Ab Januar 2025 stehen im Sektor der digitalen Rechnungsausstellung seitens des Gesetzgebers wesentliche Änderungen an. Sodann gilt für den Business-to-Business-Bereich (B2B) eine verpflichtende elektronische Rechnungsausstel-

---

[842] Vgl. Denk et. al. (2010), S. 58, 484
[843] Vgl. Urianek (2014), S. 97
[844] Vgl. Urianek (2014), S. 97

lung (inkl. Übergangsregelungen). Hierfür müssen unternehmerische und operative Prozesse den digitalen Anforderungen zeitnah angepasst werden. Dieses Vorhaben basiert primär auf der EU-Initiative „VAT in the Digital Age", kurz „ViDA". Bisher lohnte es sich, Rechnungen im PDF-Format zu verschicken, wobei aufgrund einer definitorischen Änderung der EU-Kommission ab dem Jahr 2025 im PDF-Format zugestellte Rechnungen nicht mehr als elektronische Rechnungen gelten. Sodann gilt für den Business-to-Business-Bereich (B2B) eine verpflichtende elektronische Rechnungsausstellung (inkl. Übergangsregelungen). Hierfür müssen unternehmerische und operative Prozesse den digitalen Anforderungen zeitnah angepasst werden. Dieses Vorhaben basiert primär auf der EU-Initiative „VAT in the Digital Age", kurz „ViDA".[845]

Bei einer E-Rechnung werden die Rechnungsdaten in einem strukturierten Format auf elektronischem Weg übermittelt, automatisiert empfangen und in weiterer Folge verarbeitet. Ein solcher Prozess trifft auf PDF-Dateien aufgrund ihrer Mangelhaftigkeit in Bezug auf das Ausleseverfahren im Wesentlichen nicht zu.

---

[845] Vgl. Wöhrer/Possard (2024), S. 26 ff.

Rechnungsabgrenzung

Bilanzierungshilfe, die einen periodengerechten Ausweis von Erträgen und Aufwendungen ermöglicht[846]. Rechnungsabgrenzungsposten werden dann gebildet, wenn Leistung und Gegenleistung über den Bilanzstichtag hinausgehen und daher nicht im Einklang stehen[847]. Es gibt folgende vier Tatbestände, welche eine Rechnungsabgrenzung auslösen:

- eigene Vorauszahlungen

  (= aktive Rechnungsabgrenzung),

- fremde Vorauszahlungen

  (= passive Rechnungsabgrenzungen),

- eigene Rückstände

  (= sonstige Verbindlichkeiten) und

- fremde Rückstände

  (= sonstige Forderungen)[848].

---

846 Vgl. Denk et. al. (2010), S. 102
847 Vgl. Denk et. al. (2010), S. 102
848 Vgl. Denk et. al. (2010), S. 102

Rechnungsbestandteile

Die Bestimmungen über die Rechnungslegung sind im Umsatzsteuergesetz in § 11 Abs. 1 Z 3 UStG geregelt. Rechnungen müssen daher folgende Mindestanforderungen erfüllen:[849]

- Name und Anschrift des/der leistenden Unternehmers/in

- Name und Anschrift des/der Abnehmers/in der Lieferung oder sonstigen Leistung

- Die UID Nummer des/der Rechnungsausstellers/in, soweit der/die Leistungsempfänger/in zum Vorsteuerabzug berechtigt ist

- Menge und handelsübliche Bezeichnung der gelieferten Gegenstände oder Art und Umfang der sonstigen Leistung

- Tag der Lieferung oder sonstiger Leistung oder Leistungszeitraum bzw. Abrechnungszeitraum bei Leistungen, die abschnittsweise abgerechnet werden

- Das Entgelt für die Lieferung oder sonstigen Leistung

- Der anzuwendende Steuersatz

- Den auf das Entgelt entfallenden Steuerbetrag

- Das Ausstellungsdatum der Rechnung

---

[849] Aufzählung siehe § 11 Abs. 1 Ziffer 3 UStG

- Eine fortlaufende Nummer zur Rechnungsidentifizierung

- UID-Nummer des/der Leistungsempfängers/in bei Rechnungen über € 10.000,-, wenn der/die leistende Unternehmer/in im Inland Sitz, gewöhnlichen Aufenthalt oder eine Betriebsstätte hat

Wenn der Rechnungsbetrag den Gesamtbetrag von € 400,- nicht übersteigt, genügen folgende Rechnungsmerkmale gemäß § 11 Abs. 6 UStG:[850]

- Name und Anschrift des/der leistenden/liefernden Unternehmers/in

- Menge und handelsübliche Bezeichnung der gelieferten Gegenstände oder Art und Umfang der sonstigen Leistung

- Tag der Lieferung oder sonstiger Leistung oder Leistungszeitraum bzw. Abrechnungszeitraum bei Leistungen, die abschnittsweise abgerechnet werden

- Das Entgelt für die Lieferung oder sonstigen Leistung inkl. Steuerbetrag

- Steuersatz

- Ausstellungsdatum

---

[850] Aufzählung siehe § 11 Abs 6 UStG

Rechnungslegung

Teilgebiet des Rechnungswesens, das Rechenschaft über die Verwendung von finanziellen Mitteln über abgewickelte und laufende Geschäfte ablegt. Man unterscheidet interne Rechnungslegung (häufig auch als kurzfristige Erfolgsrechnung bezeichnet) und externe Rechnungslegung (Jahresabschluss). Die Rechnungslegung legt somit Informationen über die Lage und Entwicklung des Unternehmens offen.[851]

Rechnungslegungspflicht

Im UGB spricht man von der Rechnungslegungspflicht, in der BAO von der Buchführungspflicht. Das UGB (§ 189) sieht für folgende Bereiche zwingend eine Rechnungslegungspflicht vor:[852]

1. Kapitalgesellschaften,
2. Personengesellschaften, in denen keine natürliche Person unbeschränkt als Gesellschafter haftet oder
3. die Umsätze in zwei aufeinanderfolgenden Jahren die Grenze von € 700.000,00 übersteigt (= Pflicht sodann ab dem übernächsten Jahr) oder

---

[851] Vgl. Colbe et. al (2011), S. 652
[852] Vgl. § 189 Abs. 1 und 2 UGB

4. der Umsatz in einem Jahr die Grenze von 1 Million Euro übersteigt (= Pflicht sodann ab dem nächsten Jahr).

Ausgenommen von dieser Pflicht sind Angehörige freier Berufe bzw. Unternehmen, die die Grenze von € 700.000,00 in zwei aufeinanderfolgenden Jahren bzw. die Grenze von 1 Million in einem Jahr nicht übersteigen. Für Land- und Forstwirte gelten gesonderte Regelungen.[853]

Rechnungslegungsgesetz (RLG)

Bundesgesetz, das Teil des Unternehmensgesetzbuches ist (Drittes Buch - §189 - § 286). Der erste Abschnitt des Rechnungslegungsgesetzes beinhaltet allgemeine Vorschriften. Im ersten Teil werden die Vorschriften zu Buchführung, Inventar und Inventur bestimmt. Der zweite Teil umfasst Informationen zum Jahresabschluss, zur Gewinn- und Verlustrechnung sowie zur Eröffnungsbilanz. Im dritten Teil werden Grundsätze zur Bewertung und Ansatz erläutert. Die Regelungen zur Aufbewahrung und Vorlage von Unterlagen befinden sich im vierten Teil des ersten Abschnittes. Der zweite Abschnitt enthält ergänzende Vorschriften für Kapitalgesellschaften, wie bei-

---

[853] Vgl. § 189 Abs. 4 UGB

spielsweise die Größenklassen, zum Inhalt des Jahresabschlusses, zur Gliederung der Bilanz sowie zu den Vorschriften zu einzelnen Posten der Bilanz, Gewinn- und Verlustrechnung, Anhang und Lagebericht. Der dritte Abschnitt fokussiert sich auf den Konzernlagebericht, den konsolidierten Corporate-Governance-Bericht und den konsolidierten Bericht über Zahlungen an staatliche Stellen. Der letzte und vierte Abschnitt enthält Vorschriften zur Prüfung, Offenlegung, Veröffentlichung und zu den Zwangsstrafen.[854]

Rechnungsmerkmale

Eine ordnungsgemäße Rechnung hat nach § 11 des Umsatzsteuergesetzes bestimmte Formerfordernisse zu erfüllen. Eine Rechnung muss folgende Bestandteile enthalten:

- den Namen und die Adresse des liefernden oder des/der leistenden Unternehmers/in (Leistungserbringer/in),
- den Namen und die Adresse des/der Abnehmers/in der Lieferung bzw. des/der Empfängers/in der Leistung (Leistungsempfänger/in),
- die Menge und die handelsübliche Bezeichnung der gelieferten Waren bzw. die Art und der Umfang der erbrachten Leistung,

---

[854] UGB (2019) Drittes Buch - §189 - § 286

- das Datum der Lieferung bzw. erbrachten Leistung oder den Zeitraum, über den sich die Leistung erstreckt (Leistungszeitpunkt oder Leistungszeitraum),
- das Entgelt für die Lieferung bzw. die Leistung (Nettobetrag) und den anzuwendenden Steuersatz,
- den auf das Entgelt entfallenden Steuerbetrag mit Bezeichnung Umsatz- bzw. Mehrwertsteuer (die alleinige Angabe des Steuersatzes wäre unzureichend),
- das Ausstellungsdatum der Rechnung,
- die fortlaufende Rechnungsnummer,
- die UID-Nummer der leistenden Unternehmerin/des leistenden Unternehmers.[855]

Bei Rechnungen, deren Gesamtbetrag 10.000 Euro übersteigt, ist weiter die UID-Nummer des/der Leistungsempfängers/in anzugeben, wenn der/die leistende Unternehmer/in im Inland einen Wohnsitz (Sitz), seinen gewöhnlichen Aufenthalt oder eine Betriebsstätte hat und der Umsatz an eine andere Unternehmerin/einen anderen Unternehmer für deren/dessen Unternehmen ausgeführt wird.[856]

---

[855] Vgl. BfDuW (2019b) Formerfordernisse einer Rechnung
[856] Vgl. BfDuW (2019b) Formerfordernisse einer Rechnung

Rechnungswesen

Überbegriff für externe und interne Unternehmensrechnung. Das Rechnungswesen bildet das zentrale Informationssystem des Unternehmens[857]. Betriebliches Rechnungswesen erfüllt zahlreiche Aufgaben und Prozesse, wie zum Beispiel die

- Bereitstellung von Informationen und Daten für Planung, Überwachung und Kontrolle,
- Aufbereitung der Daten,
- Grundlagen für Entscheidungen.[858]

Somit ist das Rechnungswesen ein zentrales Informationssystem, das die Analyse, Dokumentation, Steuerung und Überwachung von Zahlungs- und Leistungsströme umfasst[859]. Das Rechnungswesen hat die Aufgabe, regelmäßig Informationen über das Unternehmen zu liefern[860].

Registrierkasse

Elektronisches Aufzeichnungsinstrument von Einnahmen mit technischer Schutzeinrichtung hinsichtlich des Manipulations-

---

[857] Vgl. Denk et. al. (2010), S. 21
[858] Vgl. Denk et. al. (2010), S. 21
[859] Vgl. Denk et. al. (2010), S. 21
[860] Vgl. Auer (2018), S. 1

schutzes. Registrierkassen sind für alle Unternehmen verpflichtend, die einen Jahresumsatz von über € 15.000 (davon mindestens € 7.500 Barumsätze) erzielen. Der/die Unternehmer/in hat jeden/jeder Kunden/Kundin einen Beleg auszustellen und dem Kunden/der Kundin zu überreichen.[861] Die angegebenen Grenzen sind als Nettogrenzen zu verstehen. Natürlich gibt es Ausnahmen von der Registrierkassenpflicht, z. B. für Vereine oder für Einnahmen, die in nicht festumschlossenen Räumlichkeiten erwirtschaftet werden. Letzteres nennt man „Kalte-Hände-Regelung" mit € 30.000,00 als Grenze. Rechtliche Grundlagen bilden die BAO, das FinStrG, die Registrierkassensicherheitsverordnung und die Barumsatzverordnung.

Repräsentation

Aufwendungen, die keinen Werbezweck erfüllen und durch die Unternehmenstätigkeit oder im Zusammenhang mit der Erzielung von Einkünften anfallen. Repräsentationsaufwendungen fördern das gesellschaftliche Ansehen des Unternehmens.[862]

---

[861] Vgl. BfDuW (2019b) Registrierkassen
[862] Vgl. Denk et. al. (2010), S. 391

Restbuchwert

Jener Wert, mit dem ein Vermögensgegenstand zum Bilanzstichtag ausgewiesen ist[863].

Restnutzungsdauer

Zeitraum, die der Vermögensgegenstand voraussichtlich noch im Unternehmen genutzt wird[864].

Restwert

Jener in Geld ausgedrückte Wert, der den Wert (Schrottwert) des Anlagegutes am Ende der Nutzungsdauer wiedergibt.[865]

Return-on-Investment (ROI)

Eine Kennzahl, die angibt, wie rentabel eine Investition tatsächlich ist. Die Berechnung der Rentabilität einer Investition erfolgt mit folgender Formel: [866]

$$ROI = \frac{Gewinn}{Investiertes\ Kapital} \times 100$$

---

[863] Vgl. Schaffhauser-Linzatti (2012), S. 107
[864] Vgl. Schaffhauser-Linzatti (2012), S. 105
[865] Vgl. Lind-Braucher; Müller (2018), S. 85
[866] Vgl. Easy Business Training (2009), S. 45

Je höher der Return-on-Investment ist, desto besser ist dies für den/die Unternehmer/in. [867]

Richtigkeit

Einer der Grundsätze ordnungsgemäßer Buchführung und Bilanzierung (GoB)[868]. Der Jahresabschluss hat auf Auszeichnungen und Belege zu basieren, welche die betrieblichen Vorgänge zutreffend wiedergeben[869]. Die Richtigkeit bezieht sich daher primär auf den Inhalt der Geschäftsvorfälle[870]. Die Erfassung auf den richtigen Konten mit den richtigen Beträgen ist ein wichtiger Aspekt der Richtigkeit[871]. Wenn Annahmen getätigt werden, so sind diese so zu wählen, dass das wahrscheinlichste Ergebnis gewählt wird[872]. Der Grundsatz gewährleistet daher, dass sämtliche Aufzeichnungen und Buchungen zutreffend den Sachverhalt wiedergeben[873].

---

[867] Vgl. Easy Business Training (2009), S. 45
[868] Vgl. Denk et. al. (2010), S. 58
[869] Vgl. Auer (2018), S. 273
[870] Vgl. Zschenderlein (2015), S. 29
[871] Vgl. Zschenderlein (2015), S. 29
[872] Vgl. Auer (2018), S. 273
[873] Vgl. Zschenderlein (2015), S. 29

Richtlinien

Rechtsansichten des Bundesministeriums für Finanzen, die keine gesetzlichen Rechte und Pflichten begründen, jedoch in der Praxis enorm wichtig sind[874].

Reinvermögen

Fachausdruck bzw. Synonym für die Differenz aus Vermögen abzüglich Schulden (Eigenkapital)[875].

Reverse Charge

Begriff der Steuerüberbindung bei allen sonstigen Leistungen sowie bei Werklieferungen, wenn der/die leistende Unternehmer/in im Inland weder sein Unternehmen betreibt noch, eine an der Leistungserbringung beteiligte Betriebsstätte hat (also ein/e ausländische/r Unternehmer/in ist) und der/die Leistungsempfänger/in Unternehmer/in oder eine juristische Person des öffentlichen Rechts ist[876]. Bei der Rechnung des/der leistenden Unternehmers/in darf demnach keine Umsatzsteuer ausgewiesen werden, jedoch ist ein Hinweis der Übergang der Steuerschuld nach § 19 UStG zwingend bei der

---

[874] Vgl. Hilber (2015), S. 10
[875] Vgl. Zschenderlein (2015), S. 334
[876] Vgl. Hilber (2015), S. 226, Vgl. § 19 Abs. 1 UStG

Rechnung anzugeben[877]. Wenn der/die Empfänger/in eine Privatperson ist oder wenn der/die leistende Unternehmer/in inländische/r Unternehmer/in ist, dann kommt Reverse Charge nicht zur Anwendung.[878]

Rohgewinn

Differenzgröße zwischen Umsatzerlösen und dem gesamten angefallenen Wareneinsatz innerhalb einer definierten Periode[879].

Rohstoffe

Grundstoff eines Produktes, der den Hauptbestandteil des fertigen Produktes darstellt und in den Vorräten ausgewiesen wird[880]. Dieser Grundstoff geht somit direkt in das Produkt ein, ist jedoch im Unterschied zu Fertigerzeugnissen noch nicht vollständig be- bzw. verarbeitet[881].

Beispiele: Eisen, Holz, Stahl, etc. …

---

[877] Vgl. Hilber (2015), S. 227
[878] Vgl. Hilber (2015), S. 227
[879] Vgl. Zschenderlein (2015), S. 334
[880] Vgl. Denk et. al. (2010), S. 226
[881] Vgl. Denk et. al. (2010), S. 26

Rücklagen

Teile des Eigenkapitals, welche nicht am Kapitalkonto ausgewiesen werden. Rücklagen stellen somit eine Gewinnverwendung dar. Rücklagen lassen sich nach der Entstehung in Kapitalrücklagen und Gewinnrücklagen einteilen.[882]

Rücklagen: Gewinnrücklagen

Eigenkapital, das durch Thesaurierung (Nichtausschüttung des Gewinns) dem Unternehmen zur Verfügung gestellt wird. Gewinnrücklagen dienen der Innenfinanzierung eines Unternehmens und man unterscheidet gesetzliche, satzungsmäßige und freie Gewinnrücklagen. Gesetzliche Rücklagen müssen bis zu einem bestimmten Ausmaß gebildet werden. Satzungsmäßige Rücklagen werden aufgrund des Gesellschaftsvertrages gebildet.

Die Bildung von freien Rücklagen liegt im Ermessen des Vorstandes (bei Aktiengesellschaften) bzw. der Generalversammlung bei Gesellschaften mit beschränkter Haftung. Die Bildung von Gewinnrücklagen erfolgt gewinnmindernd, die

---

[882] Vgl. Schneider et. al. (2018), S. 277, 278

Auflösung gewinnerhöhend.[883] Gewinnrücklagen entstehen durch frühere Unternehmensgewinne[884].

Rücklagen: Kapitalrücklagen

Eigenkapital, das dem Unternehmen von außen zugeführt wurde. Die Bildung von Kapitalrücklagen erfolgt erfolgsneutral, die Auflösung ist gewinnerhöhend, aber steuerneutral. Man unterscheidet gebundene Kapitalrücklagen und freie Kapitalrücklagen. Freie Kapitalrücklagen weisen keine konkrete Verwendungsmöglichkeit auf, die gebundenen Kapitalrücklagen hingegen sind nur bei Verlusten auflösbar.[885]

Rücklagen: Offene Rücklagen

Auf Rücklagenkonten bei Kapitalgesellschaften ausgewiesene Rücklagen, die aus dem Jahresabschluss ersichtlich sind[886].

---

[883] Vgl. Schaffhauser-Linzatti (2012), S. 287; Vgl. Schneider et. al. (2018), S. 278, 280, 281
[884] Vgl. Pilz (2013), S. 61
[885] Vgl. Schaffhauser-Linzatti (2012), S. 286; Vgl. Schneider et. al. (2018), S. 278, 279
[886] Vgl. Denk et. al. (2010), S. 288

Rücklagen: Stille Rücklagen

Stille Rücklagen entstehen bei der Bewertung durch Unterbewertung der Aktiva oder durch Überbewertung der Passiva. Eine Unterbewertung entsteht zumeist aus einer zu hohen Abschreibung des Anlagevermögens, eine Überbewertung der Passivseite resultiert beispielsweise aus einer zu hohen Rückstellungsbildung.[887]

Rücklagen: Unversteuerte Rücklagen

Gewinnanteile, welche angesichts steuerlicher Begünstigungen gebildet wurden und unversteuert sind[888]. Unversteuerte Rücklagen sind zwischen Eigen- und Fremdkapital auszuweisen[889].

Rückstellungen

Begriff für ungewisse Verbindlichkeiten und für drohende Verluste aus schwebenden Geschäften am Bilanzstichtag.[890] Rückstellungen sind hinsichtlich Höhe und/oder des Zeitpunkts ungewiss, der zukünftige Eintritt ist jedoch wahrscheinlich oder sicher[891]. Somit sind Rückstellungen Vorsorgen für

---

[887] Vgl. Schneider et. al. (2018), S. 277
[888] Vgl. Denk et. al. (2010), S. 288
[889] Vgl. Denk et. al. (2010), S. 288
[890] Vgl. § 198 Abs 8 UGB
[891] Vgl. § 198 Abs 8 UGB

am Bilanzstichtag bestehende bzw. drohende Schulden, Risiken oder Verluste[892]. Eine Rückstellungsbildung ist neben ungewissen Verbindlichkeiten und drohenden Verlusten auch für folgende Sachverhalte vorzunehmen:[893]

- Anwartschaften auf Abfertigungen,
- laufende Pensionen und Anwartschaften auf Pensionen,
- Kulanzen, nicht konsumierter Urlaub, Jubiläumsgelder, Heimfalllasten und Produkthaftungsrisiken,
- auf Gesetz oder Verordnung beruhende Verpflichtungen zur Rücknahme und Verwertung von Erzeugnissen.

Neben den soeben aufgezählten gesetzlichen Rückstellungen dürfen keine weiteren gebildet werden[894]. Für unwesentliche Beträge besteht keine gesetzliche Verpflichtung, diese anzusetzen[895]. Für ungewisse Verbindlichkeiten sowie für drohendende Verluste aus schwebenden Geschäften sind ebenfalls Rückstellungen zu bilden[896].

---

[892] Vgl. Schaffhauser-Linzatti (2012), S. 290
[893] Vgl. § 198 Abs 8 UGB
[894] Vgl. § 198 Abs 8 UGB
[895] Vgl. § 198 Abs 8 UGB
[896] Vgl. Denk et. al. (2010), S. 104

Die Dotierung (= Bildung) erfolgt als Aufwand (dieser vermindert somit den aktuellen Jahresgewinn), sowie als Passivposten in der Bilanz. Dieser Passivposten (Verbindlichkeit) bleibt bis zu jenem Zeitpunkt bestehen, bis die endgültige Höhe der Schuld auch tatsächlich feststeht. Korrekturen müssen dann nachträglich erfolgen, wenn die Rückstellung zu hoch oder zu niedrig gebildet wurde. Pauschale Rückstellungen, wie beispielsweise pauschale Rückstellungen für Produkthaftungen, werden steuerrechtlich in der Steuerbilanz nicht anerkannt. Nach dem Unternehmensgesetzbuch müssen Rückstellungen in nachfolgende Kategorien gegliedert werden:[897]

- Abfertigungsrückstellungen
- Pensionsrückstellungen
- Steuerrückstellungen (beispielsweise für die Körperschaftssteuer)
- Sonstige Rückstellungen[898]

Rückstellungen lassen sich prinzipiell in zwei große Kategorien klassifizieren:

---

[897] Vgl. Schneider et. al. (2018), S. 269, 270
[898] Vgl. Schneider et. al. (2018), S. 269, 270

- Rückstellungen mit Leistungsverpflichtung gegenüber Dritten

    o Rückstellungen für ungewisse Verbindlichkeiten

      Beispiele: Rückstellungen für Abfertigungen, Pensionen, Steuern

    o Rückstellungen für drohende Verluste aus schwebenden Geschäften

      Beispiele: Rückstellungen aus Einkaufs- oder Verkaufsgeschäften, Rückstellungen aus Termin- oder Optionsgeschäften[899]

- Rückstellungen ohne Leistungsverpflichtung gegenüber Dritten

    Beispiele: Rückstellungen für unterlassene Instandhaltungen, Wartungen oder Inspektionen[900]

---

[899] Vgl. Schneider et. al. (2018), S. 269, 270
[900] Vgl. Schneider et. al. (2018), S. 269, 270

Rückstellungen mit einer Restlaufzeit von größer 12 Monaten sind mit einem marktüblichen Zinssatz abzuzinsen[901].

Rumpfwirtschaftsjahr

Bezeichnung für Wirtschaftsjahre, die weniger als 12 Monate umfassen[902]. Rumpfwirtschaftsjahre entstehen häufig bei Neugründungen, bei Änderungen des Bilanzstichtages oder bei Einstellung der unternehmerischen Tätigkeit[903]. Für all diese Fälle gilt das Rumpfwirtschaftsjahr als Gewinnermittlungszeitraum[904].

---

[901] Vgl. Grünberger (2018), S. 37
[902] Vgl. Becker et. al (2011), S. 209
[903] Vgl. Becker et. al (2011), S. 209
[904] Vgl. Becker et. al (2011), S. 209

S

VON

« SACHANLAGEVERMÖGEN »

BIS

« SUBVENTION »

Sachanlagevermögen

Begriff für körperlich erfassbare Gegenstände des Anlagevermögens, die dem Unternehmen langfristig dienen[905]. Das Sachanlagevermögen ist wie folgt zu unterteilen:

1. Grundstücke, grundstücksgleiche Rechte und Bauten, Bauten auf fremden Grund,

2. technische Anlagen und Maschinen,

3. andere Anlagen, Betriebs- und Geschäftsausstattung,

4. geleistete Anzahlungen[906].

Sachbezüge

Sachleistungen (= geldwerte Vorteile), die ein/e Unternehmer/in neben dem Grundlohn seinen/ihren Mitarbeitern/Mitarbeiterinnen gewährt. Folgende Sachbezüge werden den Dienstnehmer/innen häufig gewährt:

- private Nutzung von Firmenfahrzeugen
- private Nutzung von Mobiltelefonen
- Werkswohnungen

---

[905] Vgl. Schaffhauser-Linzatti (2012), S. 216; Vgl. Kolb (2018), S. 70
[906] Vgl. Schaffhauser-Linzatti (2012), S. 216

- Ermäßigungen für Verpflegungen
- begünstigte Darlehen

Sachentnahme

Art des Eigenverbrauchs, bei jener der/die Unternehmer/in Gegenstände des Betriebsvermögens in den außerbetrieblichen Bereich (privaten Bereich) zuführt[907].

Sachkonto

Bezeichnung für Hauptbuchkonten. Hauptbuchkonten umfassen sowohl aktive und passive Bestandskonten als auch die Erfolgskonten der Gewinn- und Verlustrechnung.[908]

Saldenliste

Verzeichnis über die vorläufigen Soll/Haben-Stände sämtlicher in der Bilanz und in der Gewinn- und Verlustrechnung bebuchten Konten[909].

---

[907] Vgl. Zschenderlein (2015), S. 136
[908] Vgl. Colbe et. al (2011), S. 692
[909] Vgl. Auer (2018), S. 208

Saldierung

Zusammenfassung von zwei Posten in einer Position. Eine Saldierung von Positionen ist nur in seltenen, vom Gesetzgeber vorgegeben Fällen, möglich.[910]

Saldierungsverbot

Grundsatz, der bestimmt, dass Posten der Aktivseite der Bilanz nicht mit Posten auf der Passivseite gegengerechnet werden dürfen. Für Aufwendungen mit Erträgen besteht ebenfalls ein Verrechnungsverbot.[911]

Saldo

Differenz zwischen Beträgen der Soll- und Habenseite eines Kontos. Die Bezeichnung Sollsaldo/Habensaldo wird nach jenem Saldo gewählt, der wertmäßig der größeren Seite entspricht[912].

---

[910] Vgl. Colbe et. al (2011), S. 692,693
[911] Coenenberg et. al. (2012), S. 388
[912] Vgl. Urianek (2014), S. 42

Saldovortrag

Übernahme des Eröffnungsbestandes zu Beginn des Geschäftsjahres aus der Vorperiode[913].

Sammelkonto

Konto in der Buchhaltung, welches Konten zusammenfasst, um den Gesamtbetrag festzustellen oder dadurch eine Aufgliederung ermöglicht[914].

Sanierung

Ein Prozess mit dem Ziel, eine nachhaltige Gewinnerzielungsfähigkeit sowie Entwicklung und Umsetzung finanzwirtschaftlicher Strategien sicherzustellen[915]. Eine Sanierung umfasst daher sämtliche Planungs-, Steuerungs- und Kontrollmaßnahmen, um die Ertragskraft nachhaltig zu sichern[916].

---

[913] Vgl. Zschenderlein (2015), S. 335
[914] Vgl. Becker et. al (2011), S. 212
[915] Vgl. Becker et. al (2011), S. 212
[916] Vgl. Becker et. al (2011), S. 212

Säumniszuschlag

Zuschlag, den die Finanzbehörde bei nicht fristgerechter Zahlung oder Einreichung einer Abgabe verhängen kann.[917]

Scheck

Anweisung an ein Kreditinstitut, dem/der Überbringer/in einen bestimmten Geldbetrag auszuzahlen oder eine Gutschrift auf dessen/deren Bankkonto vorzunehmen[918].

Schlussbilanz

Buchungsprozess am Ende jedes Wirtschaftsjahres, bei dem die Salden der aktiven und passiven Bestandskonten auf das Schlussbilanzkonto übertragen werden[919]. Die Schlussbilanz zeigt den Endstand von Vermögen und Kapital zum Bilanzstichtag am Ende des Wirtschaftsjahres[920].

---

[917] Vgl. BMF (2019) Fristen und Abgaben
[918] Vgl. Schneider (2016), S. 49
[919] Vgl. Urianek (2014), S. 45
[920] Vgl. Weber/Weißenberger (2015), S. 15

Schlussbilanzkonto (SBK)

Jenes buchhalterische Konto, über welches sämtliche Bestandskonten am Ende der Geschäftsperiode abgeschlossen werden[921].

Schlüssel

Verteilungsmechanismus von Kosten, dem bestimmte Wertmaßstäbe zugrunde liegen.[922]

Schulden

Bezeichnung für bestehende Verbindlichkeiten (Zahlungsverpflichtungen), welche im Fremdkapital auf der Passivseite der Bilanz ausgewiesen werden[923]. Schulden sind am Bilanzstichtag einzeln zu erfassen[924].

Beispiele: Bankschulden, Lieferverbindlichkeiten oder Schuldwechsel[925].

---

[921] Vgl. Zschenderlein (2015), S. 335
[922] Vgl. Schaffhauser-Linzatti (2012), S. 69
[923] Vgl. Zschenderlein (2015), p. 335
[924] Vgl. Grünberger (2018), p. 21
[925] Vgl. Urianek (2014), p. 18

Schuldner/in

Jede Art von Anspruchsperson (egal ob natürlich oder juristisch), gegen die ein/e Gläubiger/in eine offene Forderung hat[926].

Schutzrecht

Schutz, der gewährleistet, geistiges Eigentum vor anderen zu schützen. Schutzrechte können in folgende Kategorien unterteilt werden:

- Urheber- und Verwertungsrechte,
- Patente,
- Warenzeichen,
- Gebrauchs- und Geschmacksmuster[927].

Schwebende Geschäfte

Vertraglich vereinbarte Geschäfte, die noch von keiner Partei begonnen oder ausgeführt wurden[928]. Prinzipiell werden schwebende Geschäfte in der Bilanz nicht erfasst, es sei denn, es gibt drohende Verluste[929].

---

[926] Vgl. BfDuW (2019a) Schuldner/in
[927] Vgl. Pilz (2013), S. 44
[928] Vgl. Denk et. al. (2010), S. 485
[929] Vgl. Becker et. al (2011), S. 214

Schwebende Geldbewegungen

Wenn Geldbeträge von der Kassa auf das Bankkonto umgebucht werden oder vom Bankkonto auf ein anderes Bankkonto, so kommt es in der Buchhaltung zum Konflikt mit dem Grundsatz der Buchführung „Keine Buchung ohne Beleg bzw. kein Beleg ohne Buchung". Es müssen nämlich für einen Geschäftsfall zwei Belege verbucht werden. Dieses Problem wird mit dem Konto „Schwebende Geldbewegungen" umgangen, da dieses als Zwischenkonto eingesetzt wird.

Beispiel: Es wird Bargeld aus der Geschäftskassa entnommen und auf das Bankkonto einbezahlt. Es ergeben sich daraus zwei Belege, nämlich ein Kassabeleg und ein Bankbeleg. Zuerst wird der Kassabeleg verbucht und dem Konto „Schwebende Geldbewegungen" gegenübergestellt, anschließend wird der Bankbeleg verbucht und das Konto „Schwebende Geldbewegungen" wird aufgelöst.

Schwund

Terminus für die Differenz zwischen dem Soll-Endbestand und dem tatsächlichen Endbestand.

Skonto

Ein auf der Rechnung ausgewiesener Preisnachlass für Kundenzahlungen innerhalb sehr kurzer, festgelegter Frist[930]. Durch den Skonto werden Risiken für den/die Unternehmer/Unternehmerin minimiert und zusätzlich anfallende Mahngebühren und Verwaltungsaufwendungen entfallen[931].

Solidarische Haftung

Begriff im Zusammenhang mit der Haftung von Gesellschafter/innen. Solidarisch haftende Gesellschafter/innen bürgen nicht anteilsmäßig für die Schulden der Gesellschaft, sondern für sämtliche Schulden.[932]

Soll

Bezeichnung für die linke Seite eines buchhalterischen Kontos[933].

---

[930] Vgl. Urianek (2014), S. 163
[931] Vgl. Urianek (2014), S. 163
[932] WKÖ (2019) Offene Gesellschaft (OG) | https://www.wko.at/service/wirtschaftsrecht-gewerberecht/Offene_Gesellschaft_(OG).html
[933] Vgl. Auer (2018), S. 125

Sollbuchung

Veränderung eines buchhalterischen Kontos auf der linken Seite[934].

Soll-Besteuerung

Besteuerungsmethode, bei der die Umsätze nach vereinbarten Entgelten zu versteuern sind[935]. Die Steuerschuld entsteht zum Zeitpunkt der Rechnungslegung[936].

Soll-Endbestand

Endbestand des Lagers am Bilanzstichtag, der im Lagerbuch verzeichnet wurde[937].

Sollsaldo

Ein Sollsaldo ist eine Differenz auf der Habenseite. Ein Sollsaldo wird dadurch hervorgerufen, wenn die Sollseite vor Abschluss eines Kontos am Bilanzstichtag größer ist als die Habenseite[938].

---

[934] Vgl. Auer (2018), S. 125
[935] Vgl. Schneider et. al. (2018), S. 67
[936] Vgl. Schneider et. al. (2018), S. 67
[937] Vgl. Schaffhauser-Linzatti (2012), S. 235
[938] Vgl. Auer (2018), S. 125

Sonderausgaben

Ausgaben der privaten Lebensführung, die steuerlich in der Einkommensteuererklärung bzw. Arbeitnehmer/innenveranlagung begünstigt werden[939]. Dabei handelt es sich beispielsweise um Personenversicherungen oder Aufwendungen für Wohnraumschaffung und Sanierung[940]. Diese Ausgaben sind gedeckelt und zu einem Viertel absetzbar[941]. Seit dem Kalenderjahr 2020 sind diese ausgelaufen und können nicht mehr berücksichtigt werden[942].

Sonderkosten

Unmittelbar auf einen Kostenträger zurechenbare Kosten, die für einen bestimmten Auftrag berechnet werden[943].

Sonderkosten des Vertriebs

Jene Kosten, die für die Verpackung, den Transport, für Lizenzen bzw. für Provisionen anfallen.[944]

---

[939] Vgl. BfDuW (2019a) Sonderausgaben
[940] Vgl. BfDuW (2019a) Sonderausgaben
[941] Vgl. BfDuW (2019a) Sonderausgaben
[942] Vgl. BfDuW (2019a) Sonderausgaben
[943] Vgl. Schaffhauser-Linzatti (2012), S. 66
[944] Vgl. Denk et. al. (2010), S. 132

Sonstige betriebliche Aufwendungen

Aufwandssammelposten beim Umsatzkosten- und Gesamtkostenverfahren, der unter anderem folgende buchhalterische
Fälle umfasst:

- Mietaufwand, Fort- und Weiterbildungskosten, Büro-
materialien, Rechts- und Beratungskosten, Versicherungen, Telefon- und Portokosten,
- Verlust aus dem Verkauf von Sachanlagevermögens-
werten
- Verluste aus der Umrechnung von Fremdwährungsforderungen
- Abschreibungen und Wertberichtigungen von Forderungen aus Lieferungen und Leistungen
- Aufwand der Bildung von Rückstellungen (mit Ausnahme von Pensionsrückstellungen und Steuerrückstellungen)[945].

---

[945] Vgl. Auer (2016), S. 85

Sonstige Forderungen und Vermögensgegenstände

Sammelposten, der im Umlaufvermögen bei den Forderungen ausgewiesen wird, welcher alle nicht zuordenbaren Vermögensgegenstände des Umlaufvermögens enthält[946]. Zu den sonstigen Forderungen zählen beispielsweise auch fremde Rückstände.[947]

Beispiele, die in diese Bilanzposition fallen: Rückforderungsansprüche gegenüber der Finanzbehörde oder der Sozialversicherung, Kautionen, sonstige Darlehensforderungen, etc. ...

Sonstige Leistung

Jede Art von Dulden, Unterlassen, bzw. jedes praktische Tun, das nicht aus einer Lieferung besteht[948].

Beispiele: Sämtliche Dienstleistungen oder Überlassungen[949].

---

946 Vgl. Denk et. al. (2010), S. 228, 229
947 Vgl. Denk et. al. (2010), S. 228, 229
948 Vgl. Urianek (2014), S. 145
949 Vgl. Urianek (2014), S. 145

Sonstige betriebliche Erträge

Sammelposten für Erträge, die außerhalb der gewöhnlichen Unternehmenstätigkeit anfallen. Zu den sonstigen betrieblichen Erträgen zählen insbesondere:

- der Gewinn aus dem Verkauf von Sachanlagevermögen,
- Erträge durch Wertaufholungen im Sachanlagevermögen,
- Auflösungserträge bei Wertberichtigungen,
- Auflösungserträge aus Rückstellungen[950].

Sozialversicherungsbeitrag

Pflichtbeiträge der gesetzlichen Krankenkassen, die der/die Arbeitgeber/in für die Arbeitnehmer/innen an die zuständige Krankenversicherungsanstalt abführen muss[951].

Sprungfixe Kosten

Beschäftigungsabhängige Kosten, die am Ende einer Kapazitätsstufe anfallen und von der Anzahl von produzierten Stück und/oder von zeitlichen Aspekten abhängen[952].

---

[950] Vgl. Auer (2018), S. 75
[951] Vgl. Zschenderlein (2015), S. 335
[952] Vgl. Schaffhauser-Linzatti (2012), S. 340

Spenden

Spenden aus dem Betriebsvermögen sind gesetzlich steuerlich absetzbar, sofern diese an begünstigte Organisationen bzw. Einrichtungen, die das Gesetz ausdrücklich normiert, abgeliefert werden. Die steuerliche Absetzbarkeit beträgt hierbei maximal 10 % des Gewinnes. Weiters sind auch Sach- und Geldspenden von der Absetzbarkeit betroffen, sofern diese gem. EStG als sog. Katastrophenfälle (z. B. Murenabgänge, terroristische Ereignisse oder kriegerische Auseinandersetzungen) einzuordnen sind. Hierbei ist der Werbeeffekt jedoch zentral, d. h., dass solche Spenden einer Vermarktung dienen sollen (z. B. Erwähnung auf einem Unternehmensflyer).

Stakeholder

Sämtliche Personen und Institutionen, welche ein Interesse am Unternehmen haben[953].

Beispiele: Mitarbeiter/innen, Kunden/Kundinnen, Lieferanten/Lieferantinnen, Banken, Staat, Konkurrenten/Konkurrentinnen, etc. ...[954]

---

[953] Vgl. Becker et. al (2011), S. 220
[954] Vgl. Becker et. al (2011), S. 220

Stammeinlage

Bezeichnung für Einlagen von Gesellschafter/innen bei der Gesellschaft mit beschränkter Haftung[955].

Stammkapital

Nennkapital der Gesellschaft mit beschränkter Haftung, das aus Stammeinlagen von den einzelnen Gesellschafter/innen besteht[956]. Die Mindesthöhe des Stammkapitals beträgt seit November 2023 aufgrund der Etablierung des GesRÄG 2023 € 10.000,- und wird im Eigenkapital der Gesellschaft ausgewiesen[957].

Statische Bilanzauffassung

Auf der aktiven Seite der Bilanz wird die Mittelverwendung (das Vermögen des Unternehmens, auch Mittelinvestition genannt) und bei der passiven Seite die Mittelherkunft dargestellt und einander gegenübergestellt[958].

---

[955] Vgl. Becker et. al (2011), S. 220
[956] Vgl. Denk et. al. (2010), S.304
[957] Vgl. Denk et. al. (2010), S.304
[958] Vgl. Weber/Weißenberger (2015), S. 6

Stetigkeitsprinzip

Grundsatz, der besagt, dass gleichartige Bilanzierungssach-verhalte im Zeitablauf grundsätzlich nach gleichbleibenden Gesichtspunkten (konsistent) zu bilanzieren sind. Abweichungen sind nur in begründeten Ausnahmen möglich.[959]

Steuerbare Gegebenheiten

Sachverhalte, die alle im Gesetz aufgezählten Tatbestände erfüllen[960].

Steuerbemessungsgrundlage

Jene Größe, die angibt, wovon die Steuer berechnet wird[961].

Steuerbilanz

Bilanz, die auf Basis von steuerrechtlichen Vorschriften (EStG, KStG) erstellt wird[962]. Die Steuerbilanz muss für den Fiskus (das Finanzamt) erstellt werden und dient als Grundlage der Besteuerung[963].

---

[959] Vgl. Colbe et. al (2011), S. 733
[960] Vgl. Hilber (2015), S. 9
[961] Vgl. Hilber (2015), S. 5
[962] Vgl. Denk et. al. (2010), S. 73
[963] Vgl. Denk et. al. (2010), S. 73, 76

Steuern

Begriff für Geldleistungen an Gebietskörperschaften, denen konkrete Gegenleistung gegenüberstehen.[964] Ziel von Steuern ist die Finanzierung von staatlichen Leistungen, wie beispielsweise die Finanzierung von Schulen, Universitäten, Staatsbediensteten, uvm.[965]

Beispiele für Steuern sind die Einkommenssteuer, Umsatzsteuer oder Körperschaftssteuer.

Steuernummer

Abgabennummer des/der Unternehmers/Unternehmerin beim Finanzamt, unter welchen sämtlichen steuerlichen Veranlagungen abgewickelt werden. Weiters werden auf dem Konto sämtliche Einzahlungen (beispielsweise von Umsatz-, Einkommenssteuer, oder von lohnabhängigen Abgaben) gutgeschrieben und mit den Zahllasten verrechnet bzw. gegenverrechnet.[966]

---

[964] Vgl. BfDuW (2019a) Abgaben, Vgl. Hilber (2015), S. 1
[965] Vgl. BfDuW (2019a) Abgaben
[966] Vgl. BfDuW (2019b) Anzeigen beim Finanzamt

Steuerobjekt

Tatbestände oder Vorgänge, an die eine Leistungspflicht durch ein Steuergesetz knüpft[967].

Beispiel: KFZ-Steuer fällt bei Nutzung und Besitz eines Kraftfahrzeuges an.

Steuersatz

Multiplikator, der festlegt, welcher Teil der Bemessungsgrundlage zur Besteuerung herangezogen wird[968].

Steuerschuldner/in

Träger/in von Rechten und Pflichten, der einen Steuertatbestand erfüllt[969].

Steuersubjekt

Jene Personen, die nach einem Steuergesetz als Abgabenschuldner/innen oder Steuerpflichtige in Frage kommen[970].

---

[967] Vgl. Hilber (2015), S. 5
[968] Vgl. Hilber (2015), S. 6
[969] Vgl. Hilber (2015), S. 7
[970] Vgl. Hilber (2015), S. 5

Einkommensteuerschuldner/innen sind beispielsweise diejenigen, die Einkünfte erzielen[971].

Steuertarif

Steuersätze, die nicht konstant über die gesamte Bemessungsgrundlage gleich hoch bleiben[972]. Steuertarife sind zumeist progressiv gestaltet, d.h. sie steigen mit zunehmendem Einkommen an[973]. Aufgrund der Etablierung von Maßnahmen im Rahmen der sog. „Ökosozialen Steuerreform" in Österreich (ab dem Jahr 2022 bzw. 2023) und der Abschaffung der sog. „Kalten Progression" (Jahr 2024), ergeben sich folgende Tarifstufen:

Beispiel: Einkommensteuertarife ab dem Jahr 2025:[974]

Tarifstufen Einkommensteuer	Grenzsteuersatz
€ 13.308 und darunter	0 Prozent
über € 13.308 bis € 21.617	20 Prozent
über € 21.617 bis € 35.836	30 Prozent
über € 35.836 bis € 69.166	40 Prozent *(im Jahr 2023 noch 41 %)*

---

[971] Vgl. Hilber (2015), S. 5
[972] Vgl. Hilber (2015), S. 6
[973] Vgl. Hilber (2015), S. 6
[974] Tabelle aus § 33 Abs 1 EStG

über € 69.166 bis € 103.072	48 Prozent
über € 103.072 bis € 1.000.000	50 Prozent
über € 1.000.000	55 Prozent

Steuerzahler/in

Jene Person, die zur Zahlung bzw. Abfuhr der Steuer verpflichtet ist[975]. Häufig ist dies der/die Endverbraucher/in.

Steuerschuldentstehung

Bezeichnung für den Zeitpunkt des Entstehens der Steuerschuld. Man unterscheidet dabei zwei Arten: Soll-Besteuerung und Ist-Besteuerung. Bei der Soll-Besteuerung bilden die erbrachten Leistungen (Lieferungen oder sonstige Leistung) eines Monats die Grundlage der Steuerschuld. Bei der Ist-Besteuerung entsteht die Steuerschuld mit Ablauf des Monats der Bezahlung der Rechnung des Kunden (Zeitpunkt der Rechnungslegung oder der Lieferung ist unerheblich). Die Soll-Besteuerung ist der Regelfall, die Ist-Besteuerung ist nur für bestimmte Unternehmer/innen vorgesehen.[976]

---

[975] Vgl. Hilber (2015), S. 7
[976] Vgl. BfDuW (2019a) Zeitpunkt des Entstehens der Steuerschuld |https://www.usp.gv.at/Portal.Node/usp/public/content/steuern_und_finanzen/umsatzsteuer/zeitpunkt_entstehen_steuerschuld/40816.html

Stichprobeninventur

Mathematisch-statistische Verfahren aus Stichprobenzählungen, welches eine vollständige körperliche Bestandsaufnahme am Bilanzstichtag ersetzt[977].

Bei diesem Inventurverfahren rechnet das den Grundsätzen ordnungsgemäßer Buchführung und Bilanzierung entsprechende Verfahren aus Stichprobenzählungen den Lagerbestand zum Bilanzstichtag hoch[978].

Stichtagsinventur

Vorratsbewertungsverfahren, bei welchem innerhalb kurzer Zeit rund um den Bilanzstichtag sämtliche Produkte durch körperliche Bestandsaufnahme erfasst (Menge, Art, Preis) werden müssen[979].

---

[977] Vgl. Denk et. al. (2010), S. 245
[978] Vgl. Denk et. al. (2010), S. 245
[979] Vgl. Denk et. al. (2010), S. 244

Stichtagsprinzip

Einer der Grundsätze ordnungsgemäßer Buchführung und Bilanzierung (GoB)[980]. Das Stichtagsprinzip besagt, dass alle Vermögensgegenstände und Schulden am Abschlussstichtag zu bewerten sind[981].

Am Bilanzstichtag sind Bestände in Fremdwährungen (beispielsweise Fremdwährungsverbindlichkeiten) auf Kursänderungen zu prüfen und ggf. zu korrigieren[982]. Die Korrektur kann sowohl Zuschreibungen und Abschreibungen umfassen[983].

Stille Gesellschaft

Beteiligung an einem Unternehmen durch eine Vermögenseinlage. Ein/e stille/r Gesellschafter/in tritt nach außen nicht in Erscheinung. Stille Gesellschafter/innen haben zumeist Kontrollrechte und sind am Erfolg beteiligt.[984]

---

[980] Vgl. Denk et. al. (2010), S. 58
[981] Vgl. Schneider (2016), S. 15
[982] Coenenberg et. al. (2012), S. 258
[983] Coenenberg et. al. (2012), S. 258
[984] Coenenberg et. al. (2012), S. 45

Stille Reserven

Nicht erkennbare Unternehmenssubstanzen, welche nicht in der Bilanz ersichtlich sind. Diese entstehen durch Unterbewertung von Vermögen und/oder Überbewertung von Schulden[985]. Stille Reserven haben Eigenkapitalcharakter[986].

Strenges Niederstwertprinzip

Grundsatz der ordnungsgemäßen Buchführung und Bilanzierung im Umlaufvermögen. Das strenge Niederstwertprinzip besagt, dass sowohl bei kurzfristiger als auch bei langfristiger Wertminderung im Umlaufvermögen, eine Abschreibung erfolgen muss[987].

Stromgrößen

Größen der Zahlungs- und Leistungsvorgänge innerhalb einer definierten Geschäftsperiode. Stromgrößen werden zeitraumbezogen betrachtet und werden in folgende Kategorien klassifiziert:

- Einzahlungen/Auszahlungen,
- Einnahmen/Ausgaben,
- Erträge/Aufwendungen,

---

[985] Vgl. Denk et. al. (2010), S. 288, 485
[986] Vgl. Zschenderlein (2015), S. 336
[987] Vgl. Auer (2018), S. 275

- Leistungen/Kosten.

Stromgrößen ziehen eine Veränderung einer Bestandsgröße mit sich. Positive Stromgrößen (Einzahlungen, Einnahmen, Erträge, Leistungen) führen zu einem Anstieg der Bestandsgrößen. Negative Stromgrößen hingegen (Auszahlungen, Ausgaben, Aufwendungen, Kosten) führen zu einer Senkung der Bestandsgrößen.[988]

Substanzsteuern

Steuern, die auf Basis des Vermögens bemessen und besteuert werden[989].

Beispiel: Grundsteuer, etc.

Substanzwert

Jene Summe, die ein/e potenzielle/r Geldgeber/in aufwenden müsste, um ein bestehendes Unternehmen umzustrukturieren.

---

[988] Vgl. Wöltje (2014), S. 26-27
[989] Vgl. Hilber (2015), S. 4

Substanzwertabschreibung

Abschreibungsmethode für Unternehmen, deren Unternehmenszweck der Abbau von Bodenschätzen ist. Die Substanzwertabschreibungen sind Substanzverringerungen für den Bergbau und Steinbrüche, sowie für alle weiteren Betriebe, deren Zweck der Verbrauch einer Substanz ist.[990]

Subvention

Finanzielle Zuwendungen von öffentlicher oder privater Seite an den/die Unternehmer/in[991].

---

[990] Vgl. Schneider (2016), S. 35
[991] Vgl. Denk et. al. (2010), S. 485

T

VON

« TAGESGELD »

BIS

« TRUE-AND-FAIR-VIEW »

Tagesgeld

Entgelt für betriebsbedingte Dienstreisen in das In- und Ausland.[992] Neben Ort und Dauer der Dienstreise, ist auch die Entfernung zum Unternehmenssitz maßgeblich für die Berechnung der Höhe des Tagesgeldes[993]. Mit der Abschaffung der sog. „Kalten Progression" änderte sich mit 01.01.2025 der Höchstbetrag des Taggeldes. Bei Inlandsreisen gebührt nun ein Tagesgeld in Höhe von 30,00 Euro (gemäß Einkommenssteuergesetz), bei Auslandsreisen gelten gesonderte Höchstsätze.

Tara

Bezeichnung für das Gewicht einer Verpackungs- oder Ladeeinheit. Die Tara (auch Taragewicht genannt) ist somit die Differenz zwischen dem Brutto- und dem Nettogewicht einer Ware im Güterverkehr.[994]

Technische Anlagen und Maschinen

Begriff für technische Vorrichtungen zur Erzeugung und Übertragung von Kräften.

---

[992] Vgl. BfDuW (2019a) Tagesgeld
[993] Vgl. BfDuW (2019a) Tagesgeld
[994] Vgl. Gabler Wirtschaftslexikon online (2021), Tara | https://wirtschaftslexikon.gabler.de/definition/tara-47227

Thesaurierung

Fachbegriff für das Einbehalten von ausschüttbaren Gewinnen bei Kapitalgesellschaften[995]. Das Vorenthalten von Gewinnverteilungen dient der Selbstfinanzierung des Unternehmens[996].

Tilgung

Einmalige, regelmäßige oder unregelmäßige Rückzahlungen aus Kapitalschulden. Diese Verbindlichkeiten betreffen bestehende Kredite, Darlehen oder Hypotheken und sind in der Regel vertraglich vereinbart.[997]

Tochterunternehmen

Vollkonsolidiertes Unternehmen einer Konzernmutter, welche durch gesellschaftsrechtliche Vereinbarungen einen beherrschenden Einfluss auf das Unternehmen hat. Bei einem Tochterunternehmen hat das Mutterunternehmen eine Beteiligung (direkt oder indirekt) von zumindest 50 % und einer Stimme oder mehr[998].

---

[995] Vgl. Colbe et. al (2011), S. 774
[996] Vgl. Schaffhauser-Linzatti (2012), S. 51
[997] Vgl. Colbe et. al (2011), S. 774
[998] Vgl. Denk et. al. (2010), S. 147

Tourismusabgabe

Pflichtbeitrag bei Wirtschaftsbetrieben, die direkt oder indirekt vom Tourismus partizipieren[999].

Transitorische Posten

Hierbei fallen Einnahmen (Erträge) und Ausgaben (Aufwände) vor dem jeweiligen Abschlussstichtag an. Diese Erträge und Aufwände beziehen sich jedoch grundsätzlich auf einen Zeitpunkt nach dem Abschlussstichtag.

True-and-Fair-View

Vermittlung eines möglichst getreuen Bildes der Vermögenslage, der Finanzlage sowie der Ertragslage durch den Jahresabschluss[1000].

---

[999] Vgl. Land Tirol (2019) Pflichtbeitrag
[1000] Vgl. Auer (2018), S. 2

VON

« UID-NUMMER »

BIS

« USANCE »

UID-Nummer

Bezeichnung für die Umsatzsteueridentifikationsnummer, welche zum leichteren Datenaustausch im Binnenmarkt der EU dient[1001]. Daneben gilt diese Nummer als Unternehmer/innenausweis zwischen Unternehmer/innen[1002]. Wichtig ist die UID-Nummer auch für die steuerfreie Lieferung innerhalb der Europäischen Union.

Umlage

Methode, die innerbetriebliche Leistungen von Hilfskostenstellen auf die Hauptkostenstellen verteilt[1003].

Umlaufvermögen

Jene Gegenstände, die nicht dazu bestimmt sind, dauernd dem Geschäftsbetrieb zu dienen und innerhalb eines Jahres verbraucht, veräußert oder umgeformt werden.[1004]. Das Umlaufvermögen umfasst folgenden vier Positionen:[1005]

- Vorräte

[1001] Vgl. Urianek (2014), S. 99
[1002] Vgl. Urianek (2014), S. 99
[1003] Vgl. Schaffhauser-Linzatti (2012), S. 70
[1004] Vgl. § 198 Abs. 4 UGB, Vgl. Denk et. al. (2010), S. 225
[1005] Aufstellung nach Denk et. al. (2010), S. 225

- Forderungen und sonstige Vermögensgegenstände
- Wertpapiere und Anteile
- Kassenbestände, Guthaben bei Kreditinstituten sowie Schecks

Die Mindestgliederung bei Kapitalgesellschaften sieht folgende Unterteilung der Bilanzpositionen vor:[1006]

I. Vorräte

1. Roh-, Hilfs- und Betriebsstoffe

2. unfertige Erzeugnisse

3. fertige Erzeugnisse

4. noch nicht abrechenbare Leistungen

5. geleistete Anzahlungen

[1006] Aufstellung nach Denk et. al. (2010), S. 226

II. Forderungen und sonstige Vermögensgegenstände

1. Forderungen aus Lieferungen und Leistungen

2. Forderungen gegenüber verbundenen Unternehmen

3. Forderungen gegenüber Unternehmen, mit denen ein Beteiligungsverhältnis besteht

4. sonstige Forderungen

III. Wertpapiere und Anteile

1. Anteile an verbundenen Unternehmen

2. sonstige Wertpapiere und Anteile

IV. Kassenbestände, Guthaben bei Kreditinstituten sowie Schecks

Als Bewertungsgrundsatz gilt beim Umlaufvermögen das strenge Niederstwertprinzip[1007]. Bei einer vorübergehenden Wertminderung muss demnach eine Abwertung auf den niedrigeren beizulegenden Zeitwert erfolgen[1008].

[1007] Vgl. Auer (2018), S. 285
[1008] Vgl. Auer (2018), S. 285

Umsatz

Zufluss wirtschaftlichen Nutzens, der im Rahmen der Geschäftstätigkeit erzielt wird[1009]. Der Umsatz ist die Summe der Absatzmengen multipliziert mit den jeweiligen Nettoverkaufspreisen[1010]. Der Umsatz ist der Unternehmenserlös und daher positiv für das jeweilige Unternehmen. Liegt beispielsweise ein Warenverkauf oder ein Leistungserlös vor, so handelt es sich um einen Erlös bzw. Ertrag, der als Umsatz umschrieben wird.

Umsatzarten

Wird von einem Umsatz gesprochen, wird dieser häufig in folgende Kategorien unterteilt:

1. Steuerbarer Umsatz (z. B. innergemeinschaftlicher Erwerb oder Einfuhr)[1011], jedoch ist hier zwischen einem steuerpflichtigen Umsatz und einem steuerfreien Umsatz zu differenzieren, wobei sich der steuerfreie Umsatz zusätzlich in einen echt steuerbefreiten Umsatz (= Möglichkeit auf Vorsteuerabzug, jedoch wird keine Umsatzsteuer in Rechnung gestellt, z. B. Export) und

---

[1009] Vgl. Schaffhauser-Linzatti (2012), S. 26
[1010] Vgl. Colbe et. al (2011), S. 785
[1011] Vgl. § 1 UStG

einen unecht steuerbefreiten Umsatz (= keine Möglichkeit auf Vorsteuerabzug, auch wird keine Umsatzsteuer in Rechnung gestellt, z. B. Kleinunternehmer/innen) gliedert[1012].

2. Nicht steuerbarer Umsatz (z. B. Verkauf eines Privatgegenstandes).

Umsatzerlöse

Zentraler Ertragsposten der Gewinn- und Verlustrechnung, der die Ertragskraft des Unternehmens im operativen Kernbereich aufzeigt und Erträge aus dem Verkauf von Handelswaren/Handelserzeugnissen sowie die erbrachten Leistungen bei Dienstleistungsunternehmen ausweist[1013]. Die Position „Umsatzerlöse" wird ohne Umsatzsteuer, ohne Rabatte, ohne Skonti und Erlösschmälerungen in der GuV ausgewiesen[1014].

[1012] Vgl. § 6 UStG
[1013] Vgl. Auer (2018), S. 69
[1014] Vgl. Auer (2018), S. 69

Umsatzkostenverfahren

Darstellungsform der Gewinn- und Verlustrechnung in Staffelform, bei welcher nur jene Aufwendungen gegenübergestellt werden, die für verkaufte Produkte entstanden sind. Die Gliederung des Umsatzkostenverfahrens ist in § 231 Abs 3 UGB geregelt und beinhaltet folgende Positionen:

1. Umsatzerlöse;

2. Herstellungskosten der zur Erzielung der Umsatzerlöse erbrachten Leistungen;

3. Bruttoergebnis vom Umsatz;

4. Vertriebskosten;

5. allgemeine Verwaltungskosten;

6. sonstige betriebliche Erträge, wobei Gesellschaften, die nicht klein sind, folgende Beträge aufgliedern müssen:

   a) Erträge aus dem Abgang vom und der Zuschreibung zum Anlagevermögen mit Ausnahme der Finanzanlagen,

   b) Erträge aus der Auflösung von Rückstellungen,

   c) übrige;

7. sonstige betriebliche Aufwendungen;

8. Zwischensumme aus Z 1 bis 7;

9. Erträge aus Beteiligungen,

   davon aus verbundenen Unternehmen;

10. Erträge aus anderen Wertpapieren und Ausleihungen des Finanzanlagevermögens,

    davon aus verbundenen Unternehmen;

11. sonstige Zinsen und ähnliche Erträge,

    davon aus verbundenen Unternehmen;

12. Erträge aus dem Abgang von und der Zuschreibung zu Finanzanlagen und Wertpapieren des Umlaufvermögens;

13. Aufwendungen aus Finanzanlagen und aus Wertpapieren des Umlaufvermögens, davon haben Gesellschaften, die nicht klein sind, gesondert auszuweisen:

    a) Abschreibungen

    b) Aufwendungen aus verbundenen Unternehmen;

14. Zinsen und ähnliche Aufwendungen, davon betreffend verbundene Unternehmen;

15. Zwischensumme aus Z 9 bis 14;

16. Ergebnis vor Steuern (Zwischensumme aus Z 8 und Z 15);

17. Steuern vom Einkommen und vom Ertrag;

18. Ergebnis nach Steuern;

19. sonstige Steuern, soweit nicht unter den Posten 1 bis 18 enthalten;

20. Jahresüberschuss/Jahresfehlbetrag;

21. Auflösung von Kapitalrücklagen;

22. Auflösung von Gewinnrücklagen;

23. Zuweisung zu Gewinnrücklagen;

24. Gewinnvortrag/Verlustvortrag aus dem Vorjahr;

25. Bilanzgewinn (Bilanzverlust). [1015]

Umsatzsteuer

Wenn ein Unternehmen an Kunden/Kundinnen Waren und Dienstleistungen verkauft/erbringt, muss es dem Kunden/der Kundin dafür Umsatzsteuer verrechnen[1016]. Die Umsatzsteuer beträgt in der Regel 20 %, bei begünstigten Waren und Dienstleistungen beträgt der Umsatzsteuersatz 10 % bzw. 13 %[1017].

[1015] Aufstellung nach § 231 Abs 3 UGB
[1016] Vgl. BfDuW (2019a) Umsatzsteuer
[1017] Vgl. BfDuW (2019a) Umsatzsteuer

Der/die Unternehmer/in führt die Steuer dem Finanzamt ab[1018]. Der Umsatzsteuer unterliegen folgende Umsätze:

- Lieferungen und sonstige Leistungen im Rahmen des Unternehmens,
- der Eigenverbrauch des/der Unternehmers/in,
- Einfuhr von Gegenständen aus dem Drittlanggebiet[1019].

Nicht der Umsatzsteuer unterliegen unter anderem:

- Umsätze von Kreditinstituten (Kreditzinsen, Wertpapierumsätze, Kontoführung)
- Umsätze von Kleinunternehmer/innen (bis € 55.000,00 brutto)[1020].

[1018] Vgl. BfDuW (2019a) Umsatzsteuer
[1019] Vgl. UStG (2019) § 1
[1020] Vgl. UStG (2019) § 1

Umsatzsteuergesetz (UStG)

Bundesgesetz, das umsatzsteuerliche Vorschriften von Unternehmen regelt. Das Umsatzsteuergesetz definiert u.a.

- welche Umsätze der Umsatzsteuer unterliegen,
- die Bemessungsgrundlage für die Lieferungen, sonstigen Leistungen, Eigenverbrauch und Einfuhr,
- die Steuerbefreiungen,
- die Umsatzsteuersätze,
- den Vorsteuerabzug sowie die Aufteilung der Vorsteuerbeträge,
- die Rechnungsmerkmale sowie Regeln bei der Ausstellung von Rechnungen,
- die Bestimmungen zu Aufzeichnungspflichten und Nachweise,
- den/die Steuerschuldner/in und den Zeitpunkt der Entstehung der Steuerschuld,
- den Veranlagungs- und Voranmeldungszeitraum der Umsatzsteuer,
- Bestimmungen zu Besteuerungsmethoden für bestimmter Leistungen (z. B. Reiseleistungen) oder bestimmter Gegenstände (z. B. durch Anwendung der Differenzbesteuerung).

Weiters auch Begriffe wie Lieferungen, sonstige Leistungen, Ausfuhrlieferungen, Lohnveredelung an Gegenständen und viele weitere mehr.[1021]

Umsatzsteuersätze

Die wichtigsten Umsatzsteuersätze sind der allgemeine Steuersatz von 20 Prozent, der ermäßigte Steuersatz von 10 Prozent, der ermäßigte Steuersatz von 13 Prozent und der Steuersatz von 19 Prozent. Der Steuersatz von 20 ist der Regelsteuersatz (Normalsteuersatz) und gilt für all jene Bereiche, die nicht in den ermäßigten Steuersätzen von 10 bzw. 13 Prozent taxativ aufgezählt sind.

Der ermäßigte Steuersatz von 10 Prozent umfasst beispielsweise:

- die Vermietung zu Wohnzwecken,
- die öffentliche Personenbeförderung,
- die Müllabfuhr,
- Druckwerke wie Bücher, Zeitungen, Zeitschriften,
- Lebensmittel.[1022]

[1021] UStG (2019) Inhaltsverzeichnis
[1022] Vgl. BfDuW (2019b) Steuersätze der Umsatzsteuer

Der ermäßigte Steuersatz von 13 Prozent umfasst beispielsweise:

- Umsätze von Künstlern,
- Filmvorführungen, Wein ab Hof,
- Lieferung von lebenden Pflanzen, Brennholz oder lebenden Tieren.[1023]

Der Steuersatz von 19 Prozent umfasst beispielsweise:

- Gebiet Jungholz (Tirol) und Mittelberg (Vorarlberg); wirtschaftlich gesehen gehören diese Gebiete zur Bundesrepublik Deutschland.

Der Steuersatz von 5 % gilt als Ausnahme von den regulären Steuersätzen und wurde aufgrund der COVID-19-Pandemie durch den österreichischen Gesetzgeber im Jahr 2020 etabliert, um die wirtschaftliche Lage zu verbessern. Der Gesetzgeber strebte damit eine finanzielle Entlastung spezifischer Bereiche an. Die Erleichterungen umfassten beispielsweise eine Steuersenkung auf 5 % für die Gastronomie (neben Speisen auch Getränke mit Alkohol und ohne Alkohol), für Publikationen, für Kultureinrichtungen und Beherbergungen. Die Frist galt zunächst bis zum 31.12.2020, wurde jedoch in weiterer Folge (mit bestimmten Ausnahmen) bis zum 31.12.2021

[1023] Vgl. BfDuW (2019b) Steuersätze der Umsatzsteuer

verlängert.[1024] Der Steuersatz von 5 % galt bis 2021 für folgende Bereiche (u. a. für periodische Druckwerke und Zeitungen): Publikationen, Kultureinrichtungen, Hotellerie und Gastronomie.[1025]

Der Steuersatz von 0 % auf Schutzmasken (= COVID-19-Pandemie / Lieferungen und innergemeinschaftliche Erwerbe) galt in Österreich bis 30. Juni 2023.

Umsatzsteuer-Zahllast

Die Zahllast aus der Umsatzsteuer ist jener Betrag, der sich aus der Differenz zwischen den eigenen Umsatzsteuern und den abziehbaren Vorsteuern ergibt[1026]. Bei einer Zahllast muss die Umsatzsteuer höher sein als die Vorsteuer, somit muss man den Differenzbetrag an das Finanzamt abführen[1027]. Bei einer Gutschrift ist der Gesamtbetrag der Vorsteuer größer jener der Umsatzsteuer[1028]. Der Voranmeldezeitraum für die Umsatzsteuer beträgt normalerweise einen Monat bzw. bei geringen Umsätzen ein Quartal[1029].

[1024] Vgl. Possard (2022), S. 65
[1025] WKÖ (2021) Senkung der Umsatzsteuer auf 5 % | | https://www.wko.at/service/steuern/umsatzsteuersenkung-gastronomie-2020.html
[1026] Vgl. Urianek (2014), S. 108
[1027] Vgl. Urianek (2014), S. 108
[1028] Vgl. Urianek (2014), S. 108
[1029] Vgl. Neugebauer (2008), S. 75

Umsatzsteuererklärung

Veranlagung, bei der die Summe aller Zahlungen bzw. Gutschriften ausgewiesen und den Zahlungen gegenübergestellt werden. Die Umsatzsteuerveranlagung ist prinzipiell eine Zusammenfassung der monatlichen oder vierteljährlichen Voranmeldungen, bei der sich bei Differenzen eine Nachforderung oder Gutschrift ergeben kann. Aus der Umsatzsteuererklärung folgt ein schriftlicher Umsatzsteuerbescheid der zuständigen Abgabenbehörde.[1030]

Umsatzsteuervoranmeldung (UVA)

Selbstberechnungsabgabe, bei der die Zahllast (= Vorauszahlung) oder Gutschrift an Umsatzsteuer berechnet wird. Eine Zahllast ergibt sich dann, wenn die Summe an Umsatzsteuer gegenüber der Vorsteuer überwiegt. Ist ein Vorsteuerüberhang gegeben, so resultiert daraus eine Gutschrift, die auf dem Abgabenkonto des Finanzamtkontos gutgeschrieben wird. Die Umsatzsteuervoranmeldung ist in der Regel monatlich oder bei einem Vorjahresumsatz von unter € 100.000,- quartalsweise dem Finanzamt zu melden.[1031]

[1030] Vgl. BfDuW (2019b) Umsatzsteuererklärung
[1031] Vgl. BfDuW (2019b) Umsatzsteuervoranmeldung

Die Umsatzsteuervoranmeldung berechnet sich folgendermaßen:

Umsatzsteuer (Entgelt × Steuersatz) - abziehbare Vorsteuer = Zahllast/Gutschrift[1032]

Unbeschränkte Haftung

Begriff im Zusammenhang mit der Haftung von Gesellschafter/innen. Unbeschränkt haftende Gesellschafter/innen sind verantwortlich für alle Schulden ohne jegliche Betragsbeschränkung.[1033]

Uneinbringliche Forderung

Forderung, die durch einen Zahlungsausfall des/der Kunden/Kundin nicht mehr beglichen werden kann.[1034] Der Forderungsverlust ist somit endgültig und eine Eintreibung ist nicht mehr möglich.[1035]

[1032] Vgl. BfDuW (2019b) Umsatzsteuervoranmeldung
[1033] WKÖ (2019) Offene Gesellschaft (OG)
[1034] Vgl. Urianek (2014), S. 255
[1035] Vgl. Urianek (2014), S. 255

Unfertige Erzeugnisse

Produkte, welche sich im Fertigungsprozess befinden und noch nicht verkaufsfertig sind[1036]. Unfertige Erzeugnisse sind entweder Zwischenprodukte mit unterschiedlichen Fertigungsgraden oder Rohstoffe, die sich aktuell in der Montage befinden[1037]. Die Bewertung von unfertigen Erzeugnissen erfolgt zu den bisher angefallenen Herstellungskosten[1038].

Beispiel: Möbelstück in der Tischlerei, das zum Zeitpunkt der Bilanzerstellung noch nicht vollständig fertiggestellt wurde.

Unkörperliche Wirtschaftsgüter

Nicht greifbares Anlagevermögen darf nur dann in der Bilanz angesetzt werden, wenn diese entgeltlich erworben sind.[1039]

Beispiele für unkörperliche Wirtschaftsgüter: Baurechte, Mietrechte, Know-how, Lizenzen, Patente, etc.[1040]

[1036] Vgl. Becker et. al (2011), S. 78
[1037] Vgl. Denk et. al. (2010), S. 226, 227
[1038] Vgl. Becker et. al (2011), S. 78
[1039] Vgl. Grünberger (2018), S. 54
[1040] Vgl. Grünberger (2018), S. 54

Unmittelbare Haftung

Gläubiger/innen können gegenüber der Gesellschaft direkt die Ansprüche gegen Gesellschafter/innen geltend machen.[1041]

Unternehmen

Ein Unternehmen ist jede auf Dauer angelegte Organisation selbständiger wirtschaftlicher Tätigkeit, mag sie auch nicht auf Gewinn gerichtet sein.[1042]

Unternehmensbewertung

Ermittlung des Unternehmenswertes für den Zweck der Bestimmung eines Kaufpreises bei Veräußerung.[1043] Diese Bewertung kann durch die folgenden zwei Methoden erfolgen:

- Ertragswertmethode (künftige Unternehmensentwicklung wird einbezogen)[1044]

[1041] https://www.wko.at/service/wirtschaftsrecht-gewerberecht/Offene_Gesellschaft_(OG).html
[1042] Vgl. § 1 Abs 2 UGB
[1043] Vgl. Becker et. al (2011), S. 238
[1044] Vgl. Becker et. al (2011), S. 238

- Substanzwertmethode (Orientierung am Reproduktionswert und Fokus auf die Wiederbeschaffungswerte einzelner Vermögenswerte)[1045]

Unternehmensbilanz

Jahresabschluss, der auf Basis von unternehmensrechtlichen Vorschriften (UGB, GmbHG, AktG sowie weitere Vorschriften) aufgestellt wurde[1046]. Der Jahresabschluss beinhaltet die Bilanz, die GuV und bei Kapitalgesellschaften zusätzlich den Anhang. Unternehmensbilanzen werden für Stakeholder wie Anteilseigner/innen, Gläubiger/innen, Mitarbeiter/innen, Kunden/innen, Lieferanten/Lieferantinnen, Konkurrent/innen oder für sonstige öffentliche Personen erstellt[1047]. Für den Fiskus muss hingegen eine Steuerbilanz nach den Vorschriften des Einkommensteuerrechts erstellt werden[1048].

[1045] Vgl. Becker et. al (2011), S. 238
[1046] Vgl. Denk et. al. (2010), S. 77
[1047] Vgl. Denk et. al. (2010), S. 73
[1048] Vgl. Denk et. al. (2010), S. 73

Unternehmensfortführung

Grundsatz der ordnungsgemäßen Buchführung und Bilanzierung (GoB), der häufig auch als Going-Concern-Prinzip bezeichnet wird[1049]. Die Kernbotschaft dieses Prinzips ist es, dass bei der Bewertung der Bilanzposten (wie Vermögensgegenstände oder Schulden) von der Fortführung der Unternehmenstätigkeit ausgegangen wurde[1050]. Mit diesem Grundsatz gehen zahlreiche Einzelvorschriften, wie beispielsweise die planmäßige Abschreibung auf die Restnutzungsdauer im Anlagevermögen, einher[1051].

Unternehmensgesetzbuch (UGB)

Bundesgesetz, das die zivilrechtlichen Vorschriften für Unternehmen enthält. Das erste Buch umfasst allgemeine Bestimmungen zu Begriffen und Anwendungsbereichen und behandelt weiters die Themen Firmenbuch, Firma, Unternehmensübergang, Prokura sowie Handlungsvollmacht. Das zweite Buch erläutert die Rechtsformen Offene Gesellschaft, Kommanditgesellschaft und stille Gesellschaft. Rechnungslegungsvorschriften zu Buchführung, Inventar, Eröffnungsbi-

---

[1049] Vgl. Denk et. al. (2010), S. 58, 61
[1050] Vgl. Denk et. al. (2010), S. 61
[1051] Vgl. Denk et. al. (2010), S. 61

lanz, Jahresabschluss, Ansatz, Bewertung, Aufbewahrungspflichten sowie ergänzende Vorschriften für Kapitalgesellschaften (wie beispielsweise Größenklassen, allgemeine Vorschriften zur Jahresabschlussberichterstattung, Gliederung der Bilanz, Anhangsangaben, Lagebericht, Corporate-Governance-Bericht sowie Bestimmungen zu Ausleihungen, Eigenkapital und zur Gewinn- und Verlustrechnung, aber auch weitere Pflichtangaben) finden sich im dritten Buch des UGB. Der Konzernabschluss, der Konzernlagebericht, der konsolidierte Corporate-Governance-Bericht, der konsolidierte Bericht über Zahlungen an staatliche Stellen, die Bewertungsvorschriften, die anteilmäßige Zusammenfassung der Jahresabschlüsse verbundener Unternehmen (inkl. assoziierte Unternehmen) werden ebenfalls wie die Vorschriften über die Prüfung, Offenlegung, Veröffentlichung und Zwangsstrafen im dritten Buch gesetzlich geregelt. Im vierten Buch werden allgemeine Vorschriften zu unternehmensbezogenen Geschäften wie Wareneinkäufe, Kommissionsgeschäfte, Lagergeschäfte, Frachtgeschäfte und Zahlungsverzügen erläutert. Im fünften und sechsten Buch sind die Bestimmungen zum Seehandel und zur Haverei ersichtlich.[1052]

[1052] Vgl. UGB (2018)

Unternehmensübernahme

Übergang der wirtschaftlichen Verfügungsmacht von Vermögensgegenständen durch den Erwerb von Teilen oder eines ganzen Unternehmens.[1053]

Unternehmenszusammenschluss

Vertraglich vereinbarte, starke wirtschaftliche Zusammenarbeit von zwei Unternehmen, die sich zu einem gemeinsamen Unternehmen zusammenfügen.[1054] Kennzeichnend für einen Unternehmenszusammenschluss ist die Tatsache, dass beide Unternehmen rechtlich selbständig bleiben und ein Konzern dadurch entsteht.[1055]

Usance

Allgemeine Bezeichnung für einen Handelsbrauch (z. B. Mahnungen in Österreich). Beispielsweise sind Mahnungen in Österreich rechtlich nicht vorgeschrieben, deshalb spricht man von einem sogenannten Handelsbrauch. Auch die Gewährung von Skonti fällt darunter.

[1053] Vgl. Becker et. al (2011), S. 238
[1054] Vgl. Becker et. al (2011), S. 238; Vgl. Colbe et. al (2011), S. 799
[1055] Vgl. Colbe et. al (2011), S. 799

V

VON

« VALUTEN »

BIS

« VORSTEUERPAUSCHALIERUNG »

Valuten

Begriff für Bargeld in fremder Währung[1056].

Variable Kosten

Kosten, die beschäftigungsabhängig sind und von den Eigenschaften des Kostenverlaufs abhängen[1057]. Variable Kosten fallen nur dann an, wenn man einen Gegenstand oder eine Leistung aktiv verwendet[1058].

Beispiel: Telefongebühren, etc.

Verbindlichkeiten

Zahlungsaußenstände (Verpflichtungen) gegenüber Dritten, die dem Grunde nach und der Höhe nach bestimmbar sind[1059]. Verbindlichkeiten resultieren zumeist aus rechtlichen Verpflichtungen und stellen am Bilanzstichtag eine wirtschaftliche Belastung dar[1060]. Verbindlichkeiten mit einer Restlauf-

---

[1056] Vgl. Schaffhauser-Linzatti (2012), S. 146
[1057] Vgl. Becker et. al (2011), S. 242; Vgl. Schaffhauser-Linzatti (2012), S. 339
[1058] Vgl. Schaffhauser-Linzatti (2012), S. 339
[1059] Vgl. Becker et. al (2011), S. 242
[1060] Vgl. Denk et. al. (2010), S. 104

zeit größer 12 Monate sind gesondert in der Bilanz auszuweisen[1061]. Der Ansatz von Verbindlichkeiten soll mit dem Erfüllungsbetrag erfolgen[1062]. Verluste aus Kursdifferenzen werden in den Fremdwährungsverbindlichkeiten ausgewiesen, Umrechnungsgewinne jedoch nicht[1063]. Schulden sind daher offene Zahlungsverpflichtungen, bei denen feststeht, wann und in welcher Höhe die Beträge bezahlt werden müssen[1064].

Verbindlichkeiten in fremder Währung

Verpflichtungen, die zum Zeitpunkt des Zuganges mit einem Devisenkurs bewertet werden und mit dem Erfüllungsbetrag anzusetzen sind.[1065]

Verbrauchssteuern

Steuern, die den Konsum bestimmter Waren zusätzlich besteuern[1066].

Beispiele: Tabaksteuer, Alkoholsteuer, etc. ...

[1061] Vgl. Auer (2018), S. 286
[1062] Vgl. Auer (2018), S. 286
[1063] Vgl. Auer (2018), S. 286
[1064] Vgl. Schaffhauser-Linzatti (2012), S. 146
[1065] Vgl. Grünberger (2018), S. 38
[1066] Vgl. Hilber (2015), S. 4

Verbundene Unternehmen

Begriff für Unternehmen, die in den Konzernabschluss eines Mutterunternehmens vollständig konsolidiert werden[1067].

Verdeckte Einlage

Entsteht dann, wenn ein einlagefähiger Vermögensgegenstand bei einer Kapitalgesellschaft von einer nahestehenden Person unentgeltlich (d.h. ohne Gegenleistung) dem Betrieb zugeführt wird[1068].

Verdeckte Gewinnausschüttung

Steht in keiner Verbindung mit einer durch Gesellschaftsbeschluss beschlossenen Gewinnausschüttung[1069].

Vergnügungssteuer

Abgabe für Veranstaltungen wie Konzerte, Bälle, Partys oder Spielautomaten, die von der Gemeinde eingehoben und der Höhe nach festgesetzt wird[1070].

[1067] Vgl. Becker et. al (2011), S. 244
[1068] Vgl. Becker et. al (2011), S. 244
[1069] Vgl. Becker et. al (2011), S. 244
[1070] Vgl. BfDuW (2019a) Vergnügungssteuer

Verkehrssteuer

Steuern, die aufgrund von wirtschaftlichen Verkehrsvorgängen bemessen wird[1071].

Beispiele: Grunderwerbssteuer, Umsatzsteuer, etc. ...

Verkehrswert

Jener Preis, der im gewöhnlichen Geschäftsverkehr bei einem Verkauf eines Wirtschaftsgutes zu erzielen wäre[1072]. Umgangssprachlicher Begriff für den gemeinen Wert.

Verlustvortrag

Verlust des Vorjahres, der nicht mit Eigenkapital gedeckt wurde und in das folgende Geschäftsjahr übertragen wird[1073]. Der Verlustvortrag kann in den folgenden Geschäftsperioden mit entstehenden Gewinnen gegengerechnet werden, um die Steuerlast niedrig zu halten[1074].

[1071] Vgl. Hilber (2015), S. 4
[1072] Vgl. BfDuW (2019a) Verkehrswert
[1073] Vgl. Schaffhauser-Linzatti (2012), S. 329; Vgl. Pilz (2013), S. 61
[1074] Vgl. Pilz (2013), S. 61

Vermögensgegenstand

Wirtschaftsgut, das einen wirtschaftlichen Wert aufweist und selbstständig bewertbar sowie eigenständig verwertbar ist[1075]. Für die Trennung in Vermögensgegenstände des Anlagevermögens und des Umlaufvermögens ist eine zeitliche und funktionsbezogene Klassifikation vorzunehmen[1076]. Ein Vermögensgegenstand ist dann im Anlagevermögen aufzunehmen, wenn er voraussichtlich dauernd (länger als ein Jahr) dem Geschäftsbetrieb dient[1077]. Innerhalb des Anlagevermögens ist der Vermögensgegenstand in eine der folgenden Kategorien zu klassifizieren:

- Sachanlagevermögen,
- Finanzanlagevermögen oder
- Immaterielles Vermögen[1078].

Wenn der Vermögensgegenstand nicht dauernd dem Geschäftsbetrieb dient, so soll er im Umlaufvermögen in einer der folgenden Kategorien erfasst werden:

- Vorräte,
- Forderungen,
- Wertpapiere (inkl. Anteile), oder

[1075] Vgl. Denk et. al. (2010), S. 100
[1076] Vgl. Denk et. al. (2010), S. 100
[1077] Vgl. Denk et. al. (2010), S. 101
[1078] Vgl. Denk et. al. (2010), S. 101

- Geldbestände (Kassa, Bank)[1079].

Vermögen ist in der Bilanz aufgrund des Realisationsprinzips maximal mit den fortgeführten Anschaffungs- und Herstellungskosten in der Bilanz auszuweisen[1080]. Vermögensgegenstände sind am Bilanzstichtag einzeln zu bewerten[1081].

Vermögensstruktur

Analyse der linken Seite der Bilanz, welche die Vermögensstruktur, die Zusammensetzung, die zeitliche Entwicklung sowie die Abnutzung des Vermögens untersucht[1082].

Versandkosten

Alle Kosten, die im Zusammenhang mit der Auslieferung der Waren zum Kunden/zur Kundin bzw. vom Lieferanten anfallen. Vertragsklauseln regeln, welche/r Vertragspartner/in die Versandkosten zu tragen hat.[1083]

[1079] Vgl. Denk et. al. (2010), S. 101
[1080] Vgl. Auer (2018), S. 280
[1081] Vgl. Grünberger (2018), S. 21
[1082] Vgl. Schaffhauser-Linzatti (2012), S. 79
[1083] Vgl. Neugebauer (2008), S. 58-59

Verrechnungssatz

Umlagemethode von Gemeinkosten der Hauptkostenstellen, die einen in Geld bewerteten Kostenersatz darstellen[1084]. Bei der Verrechnung werden nicht-monetäre Größen (z. B. Stunden) mit dem monetären Verrechnungssatz in Verbindung gesetzt[1085].

Verständlichkeit

Grundsatz der ordnungsgemäßen Buchhaltung und Bilanzierung (GoB), der besagt, dass die Buchführung so beschaffen sein muss, dass diese einem sachverständigen Dritten innerhalb einer angemessenen Zeit einen Überblick über die Geschäftsfälle und die Geschäftslage vermitteln kann. Zwingende Voraussetzung für die Verständlichkeit ist beispielsweise, dass die Bücher und Aufzeichnungen in einer lebenden Sprache vorgenommen werden. Abkürzungen und Kürzel müssen so verwendet werden, dass diese nachvollziehbar und eindeutig erkennbar sind.[1086]

[1084] Vgl. Schaffhauser-Linzatti (2012), S. 72
[1085] Vgl. Schaffhauser-Linzatti (2012), S. 72
[1086] Vgl. Zschenderlein (2015), S. 28

Vertriebsgemeinkosten

Umrechnungsschlüssel für die gesamten Kosten, die nach der Produktion anfallen und nicht direkt den Kostenträgern zuordenbar sind.[1087]

Verzugszinsen

Verspätungszuschlag für Zahlungsverzug des vertragsgemäß vereinbarten Zahlungstermins[1088]. Bei Geschäften zwischen Privaten ist gesetzlich ein Verzugszinssatz von 4 Prozent pro Jahr vorgesehen[1089]. Bei Geschäften zwischen Unternehmer/innen ist ein Verzugszinssatz von 9,2 Prozent über dem Basiszinssatz gesetzlich festgesetzt[1090].

Verwaltungsgemeinkosten

Begriff aus der Kostenrechnung für sämtliche Kosten, die in den Verwaltungsbereichen anfallen[1091]. Die Verwaltungsgemeinkosten werden im Rahmen des Betriebsabrechnungsbogens und der Kostenstellenrechnung ermittelt[1092].

[1087] Vgl. Colbe et. al (2011), S. 840
[1088] Vgl. BfDuW (2019a) Verzugszinsen
[1089] Vgl. BfDuW (2019a) Verzugszinsen
[1090] Vgl. BfDuW (2019a) Verzugszinsen
[1091] Vgl. Denk et. al. (2010), S. 132
[1092] Vgl. Colbe et. al (2011), S. 78-84

Beispiele: Lohnkosten der Verwaltungsmitarbeiter/innen, Kosten für Verwaltungsanlagen (inkl. Abschreibung), Aufwendungen für Telekommunikation[1093].

Vollständigkeitsgebot

Grundsatz ordnungsmäßiger Buchführung und Bilanzierung (GoB), der die vollständige Erfassung sämtlicher buchhalterischen Geschäftsfälle erfordert[1094]. Dies bedeutet, dass alle Vermögensgegenstände, Schulden und Rechnungsabgrenzungen bis zum Bilanzstichtag in die Bilanz und alle Aufwendungen und Erträge der Geschäftsperiode in der Gewinn- und Verlustrechnung berücksichtigt werden müssen[1095]. Die jährliche Durchführung der Inventur gewährleistet beispielsweise die Vollständigkeit im Bereich des Umlaufvermögens[1096]. Vorgänge, welche nicht stattgefunden haben, dürfen daher auch nicht aufgezeichnet werden[1097].

[1093] Vgl. Denk et. al. (2010), S. 132
[1094] Vgl. Denk et. al. (2010), S. 56, 58, 60
[1095] Vgl. Denk et. al. (2010), S. 60
[1096] Vgl. Denk et. al. (2010), S. 60
[1097] Vgl. Zschenderlein (2015), S. 29

Vorschuss

Vom Unternehmer/der Unternehmerin an einen/eine Mitarbeiter/in zur Verfügung gestelltes kurzfristiges Darlehen. Den Vorschuss erhält der/die Mitarbeiter/in vor dem Fälligkeitstag der Lohn-/Gehaltsabrechnung.[1098]

Vorräte

Bezeichnung für jene Produkte und Werksstoffe, die sich im Lager des Unternehmers/der Unternehmerin befinden und für den Produktions- oder Absatzprozess bestimmt sind[1099]. Je nach Zweck und Bearbeitungsstatus werden Vorräte in die folgenden Kategorien unterteilt:[1100]

- Roh-, Hilfs- und Betriebsstoffe,
- unfertige Erzeugnisse und unfertige Leistungen,
- fertige Erzeugnisse und Waren,
- noch nicht abrechenbare Leistungen,
- geleistete Anzahlungen.[1101]

Sämtliche Vermögensgegenstände sind am Ende des Wirtschaftsjahres einer körperlichen Bestandsaufnahme (Inven-

---

[1098] Vgl. Zschenderlein (2015), S. 169
[1099] Vgl. Denk et. al. (2010), S. 226, 244
[1100] Vgl. Denk et. al. (2010), S. 226
[1101] Aufstellung nach Denk et. al. (2010), S. 226

tur) zu unterziehen, wodurch der Bestand an Vermögensgegenständen (Wert, Art, Menge) bestimmt werden soll[1102]. Neben der soeben genannten sog. Stichtagsinventur ist ferner eine permanente Inventur zulässig[1103]. Die Stichtagsinventur hat nach Möglichkeit am Bilanzstichtag zu erfolgen[1104]. Eine vor- oder nachgelagerte Inventur ist möglich, wenn es die Möglichkeit der Vor- bzw. Rückrechnung der Bestände durch vorhandene Aufzeichnungen gibt[1105].

Bei Vorräten muss das angewendete Bewertungsverfahren grundsätzlich im Einklang mit den Grundsätzen ordnungsgemäßer Buchführung und Bilanzierung stehen[1106].

Vorsichtsprinzip

Einer der Grundsätze ordnungsgemäßer Buchführung und Bilanzierung (GoB)[1107]. Der Grundsatz der vorsichtigen Bewer

---

[1102] Vgl. Denk et. al. (2010), S. 244
[1103] Vgl. Denk et. al. (2010), S. 245
[1104] Vgl. Denk et. al. (2010), S. 245
[1105] Vgl. Denk et. al. (2010), S. 245
[1106] Vgl. Auer (2018), S. 283
[1107] Vgl. Denk et. al. (2010), S. 58

tung befasst sich einerseits mit den erkennbaren und andererseits mit den drohenden Risiken[1108]. Der Grundsatz der Vorsicht beinhaltet unter anderem folgende Tatbestände:

- Es dürfen nur jene Gewinne ausgewiesen werden, welche am Abschlussstichtag tatsächlich verwirklicht wurden (Realisationsprinzip)[1109].
- Entstandene erkennbare Risiken bzw. drohende Verluste, die sowohl in den aktuellen Perioden als auch in den früheren Perioden entstanden sind, müssen auf jeden Fall berücksichtigt werden, selbst, wenn die Umstände erst zwischen Bilanzstichtag und dem Tag der Erstellung des Jahresabschlusses hervortreten (Imparitätsprinzip)[1110].
- Wertminderungen sind auf jeden Fall zu berücksichtigen, unabhängig davon, ob das aktuelle Geschäftsjahr mit einem Gewinn oder Verlust abschließt (Imparitätsprinzip)[1111].

Das Vorsichtsprinzip spiegelt somit die starke Ausrichtung des Gläubiger/innenschutzes wider und soll sicherstellen,

---

[1108] Vgl. § 201 Abs. 2 Z 4 UGB
[1109] Vgl. § 201 Abs. 2 Z 4 lit. a UGB
[1110] Vgl. § 201 Abs. 2 Z 4 lit. b UGB
[1111] Vgl. § 201 Abs. 2 Z 4 lit. c UGB

dass sich das Unternehmen im Zweifelsfall ärmer darstellt als es ist, um die ausschüttungsfähigen Gewinne so gering wie möglich zu halten. Nach dem Vorsichtsprinzip darf sich ein Unternehmen niemals reicher darstellen als es tatsächlich ist[1112].

Vorsteuer

Rückforderungsanspruch von umsatzsteuerpflichten Unternehmen, die in Rechnung gestellte Umsatzsteuer vom Bezugslieferanten im Rahmen der monatlichen bzw. quartalsmäßigen Umsatzsteuervoranmeldung vom zuständigen Finanzamt zurückzufordern[1113].

Vorsteuerabzug

Möglichkeit der Rückforderung von im Inland umsatzsteuerpflichtigen Unternehmen, die von anderen Unternehmer/innen in Rechnung gestellte Umsatzsteuer für Lieferungen oder sonstige Leistungen (bzw. die Einfuhrumsatzsteuer/Erwerbsteuer) im Rahmen der Umsatzsteuervoranmeldung geltend zu machen[1114]. Für den Vorsteuerabzug müssen folgende Voraussetzungen erfüllt sein:

[1112] Vgl. Schaffhauser-Linzatti (2012), S. 120
[1113] Vgl. Schneider et. al. (2018), S. 57
[1114] Vgl. Schneider et. al. (2018), S. 65

- Betriebliche Veranlassung für die Lieferung oder die Leistung
- Rechnungsmerkmale müssen erfüllt sein
- Der/die empfangende/leistende Unternehmer/in darf nicht umsatzsteuerbefreit sein
- Vorsteuerabzug ist prinzipiell für PKWs oder Kombinationsfahrzeuge nicht gestattet[1115] (Ausnahmen wurden vom Bundesministerium für Finanzen taxativ aufgezählt)
- Für E-Bikes (Elektrofahrräder) ist ein Vorsteuerabzug seit dem 01.01.2020, bedingt durch die Steuerreform 2020, möglich, wenn dieses für die betriebliche Nutzung bestimmt ist.[1116]

Vorsteuerpauschalierung

Jene Unternehmer/innen, die ihre Betriebsausgaben anhand der Betriebsausgabenpauschale ermitteln, können 1,8 % des Umsatzes als Vorsteuerpauschale ansetzen[1117].

[1115] Auflistung Vgl. Schneider et. al. (2018), S. 65
[1116] Vgl. https://www.wko.at/branchen/handel/mode-freizeitartikel/vorsteuerabzug-fuer-e-bikes.html
[1117] Vgl. Schneider et. al. (2018), S. 65

W

VON

« WAHLRECHT »

BIS

« WIRTSCHAFTSPRÜFER/IN »

Wahlrecht

Auswahlmöglichkeit aufgrund gesetzlicher Vorschriften, die vorsieht, aus einer oder mehreren Optionen entscheiden zu dürfen[1118]. Die Entscheidung, welches Wahlrecht in Anspruch genommen wird, trifft der/die Bilanzierende[1119].

Wareneingangsbuch

Aufzeichnungssystem für die Erfassung von Handelswaren-, Rohstoff-, Hilfsstoff- und Betriebsstoffeinkäufen[1120]. In das Wareneingangsbuch sind sämtliche Wareneingänge einzutragen, die der/die Unternehmer/in auf eigene oder fremde Rechnung erwirbt und der Weiterveräußerung dienen[1121].

Warenvertriebskosten

Nebenkosten, die beim Verkauf von Waren anfallen.[1122]

Beispiele: Versandkosten, Verpackungskosten, Versicherungen, Frachtkosten.[1123]

[1118] Vgl. Denk et. al. (2010), S. 113
[1119] Vgl. Denk et. al. (2010), S. 117
[1120] Vgl. Denk et. al. (2010), S. 45
[1121] Vgl. § 128 Abs. 1 Bundesabgabenordnung
[1122] Vgl. Zschenderlein (2015), S. 105
[1123] Vgl. Zschenderlein (2015), S. 105

Wechsel

Dokument in Form eines Wertpapieres, das eine Zahlungsanweisung vom/von (der) Aussteller/in an eine/n definierte/n Bezogene/n darstellt. Der Wechsel ist somit eine Verpflichtung, einen bestimmten Geldbetrag zu einem bestimmten Zeitraum an eine/n bestimmte/n Bezogene/n auszuzahlen.[1124]

Werbeabgabe

Bundesabgabe für Werbeleistungen in Bereich Fernsehen, Radio und Außenwerbung[1125]. Der Werbeabgabe unterliegen Werbeleistungen, wenn diese im Inland gegen Entgelt erbracht werden[1126]. Die Abgabe beträgt fünf Prozent des umsatzsteuerrechtlichen Entgelts, das in Rechnung gestellt wird[1127]. Seit 1. Januar 2020 gilt auch die sogenannte Digitalsteuer (5 %) in Österreich, die Online-Werbeumsätze betrifft (z. B. Suchmaschinenwerbung, etc.).

[1124] Vgl. Gabler Wirtschaftslexikon online (2021), Wechsel | https://wirtschaftslexikon.gabler.de/definition/wechsel-47636
[1125] Vgl. BMF (2019) Werbeabgabe
[1126] Vgl. BMF (2019) Werbeabgabe
[1127] Vgl. BMF (2019) Werbeabgabe

Werbeaufwand

Aufwendungen, die Unternehmen für die Einführung und Präsentation von (neuen) Produkten ausgeben, um den Absatz zu fördern.[1128]

Beispiel: Ausgaben im Zusammenhang mit der Erstellung von Werbematerial.

Werbungskosten

Aufwendungen für die Berufsausübung, die das Einkommen des steuerpflichtigen im Rahmen der Arbeitnehmer/innenveranlagung mindern[1129].

Beispiele: Anschaffung von Literatur, Anschaffung von Arbeitskleidung, Absolvierung von Ausbildungen, etc. ...[1130]

Wertaufholung

Bezeichnung für die Rückgängigmachung einer bereits durchgeführten außerplanmäßigen Abschreibung[1131]. Wertaufho-

---

[1128] Vgl. Denk et. al. (2010), S. 391
[1129] Vgl. BfDuW (2019a) Werbungskosten
[1130] Vgl. BfDuW (2019a) Werbungskosten
[1131] Vgl. Schaffhauser-Linzatti (2012), S. 117

lungen können sowohl im Anlagevermögen als auch im Umlaufvermögen durchgeführt werden[1132]. Wertaufholungen können maximal bis zur Höhe der fortgeschriebenen Anschaffungs- bzw. Herstellungskosten erfolgen[1133].

Wertminderung

Resultat aus Abnützung oder dem Wertverzehr eines Vermögensgegenstandes[1134].

Wertpapiere und Anteile

Urkunden von Vermögensrechten (Aktien, Anleihen), bei denen die Ausübung und Übertragung an den Besitz gebunden ist[1135]. Dabei werden zwei verschiedene Arten unterschieden:

- Anteile an verbundenen Unternehmen
- Sonstige Wertpapiere und Anteile

[1132] Vgl. Schaffhauser-Linzatti (2012), S. 117
[1133] Vgl. Schaffhauser-Linzatti (2012), S. 118
[1134] Vgl. Becker et. al (2011), S. 260
[1135] Vgl. BfDuW (2019a) Wertpapier

Wertpapiere und Anteile des Anlagevermögens

Vermögensrechte, die langfristig und dauerhaft dem Geschäftsbetrieb dienen sollen[1136].

Wertpapiere und Anteile des Umlaufvermögens

Vermögensrechte, die zur Liquiditätssicherung bzw. zu Spekulationszwecken als kurzfristige rentable Anlage gehalten werden[1137]. Im Umlaufvermögen befindliche Wertpapiere sind daher Investitionen in externe Unternehmen, die dem Unternehmen nur für einen kurzen Zeithorizont dienen[1138].

Wiederbeschaffungskosten

Jene Kosten, die notwendig sind, um ein ausgeschiedenes Wirtschaftsgut wieder anzuschaffen. Bei einer Entnahme sind die Wiederbeschaffungskosten beispielsweise von zentraler Bedeutung.[1139]

[1136] Vgl. Denk et. al. (2010), S. 229
[1137] Vgl. Denk et. al. (2010), S. 229
[1138] Vgl. Schaffhauser-Linzatti (2012), S. 251
[1139] Vgl. Zschenderlein (2015), S. 338

Willkürfreiheit

Einer der Grundsätze ordnungsgemäßer Buchführung und Bilanzierung (GoB)[1140]. Der Jahresabschluss hat auf Auszeichnungen und Belege zu basieren, welche die betrieblichen Vorgänge zutreffend wiedergeben[1141]. Wenn Annahmen getätigt werden, dann sind diese so auszuwählen, dass das wahrscheinlichste Ergebnis berücksichtigt wird[1142].

Wirtschaftsjahr

Jener Zeitraum, für den der Erfolg ermittelt wird. Dieser Zeitraum darf 12 Monate nicht überschreiten[1143]. Prinzipiell dauert ein Wirtschaftsjahr 12 Monate und beginnt am 01.01. und endet am 31.12.[1144]. Ein abweichendes Wirtschaftsjahr ist bei buchführungspflichtigen Unternehmen durch Genehmigung des Finanzamtes mit Begründung möglich[1145].

[1140] Vgl. Denk et. al. (2010), S. 58
[1141] Vgl. Auer (2018), S. 273
[1142] Vgl. Auer (2018), S. 273
[1143] Vgl. Urianek (2014), S. 88
[1144] Vgl. Urianek (2014), S. 88
[1145] Vgl. Urianek (2014), S. 88

Wirtschaftlichkeitsanalyse

Analyse von Entscheidungsalternativen durch quantitative und qualitative Kriterien[1146].

Wirtschaftsprüfer/in

Öffentlich bestellte Person, welche die unternehmensinterne Rechnungslegung auf Konformität mit Gesetzen, Standards, und Satzbestimmungen untersucht[1147]. Seine Kernaufgabe ist die Prüfung der Buchhaltung, des Jahresabschlusses und des Lageberichtes bei prüfungspflichtigen Unternehmen[1148]. Wirtschaftsprüfer/innen arbeiten in Wirtschaftsprüfungsgesellschaften[1149].

[1146] Vgl. Becker et. al (2011), S. 260
[1147] Vgl. Colbe et. al (2011), S. 863
[1148] Vgl. Becker et. al (2011), S. 261
[1149] Vgl. Colbe et. al (2011), S. 868

« XETRA »

Xetra

Bei Xetra handelt es sich um ein deutsches Handelssystem der Deutschen Börse AG, das Geschäfte mit Wertpapieren abwickelt. Angesiedelt ist Xetra an der Frankfurter Wertpapierbörse. Ein Spezifikum von Xetra ist der rein digitale Börsenhandel, der nur elektronisch durchgeführt wird. In den letzten Jahren konnte Xetra die Durchführung von Transaktionen (Aktien) sukzessive steigern.[1150]

[1150] Vgl. Rechnungswesen verstehen online (2022), Xetra | https://www.rechnungswesen-verstehen.de/lexikon/xetra.php

Y

« YIELD-MANAGEMENT »

Yield-Management

Bei dem sog. Yield-Management nehmen die Fixkosten, die im Dienstleistungssektor anfallen (z. B. in der Flugbranche, Online-Handel, …), eine zentrale Rolle ein. Ziel ist es, eine längerfristige Gewinnmaximierung und gleichzeitig eine bessere Planbarkeit für Dienstleister/innen herbeizuführen. Dabei ist die Nachfrage durch Endverbraucher/innen von Relevanz. Yield-Management wird in der praktischen Anwendung als Instrumentarium der Fixkostenabdeckung angesehen.[1151]

[1151] Vgl. Rechnungswesen verstehen online (2022), Yield Management | https://www.rechnungswesen-verstehen.de/lexikon/yield-management.php

Z

VON

« ZAHLUNGSART »

BIS

« ZWEIFELHAFTE FORDERUNG »

Zahlungsart

Art und Weise der Bezahlung von Waren oder Dienstleistungen. Man unterscheidet dabei Barzahlung, halbbare Zahlung und unbare Zahlung[1152].

Zahlungsmittel

Bezeichnung für die verfügbaren Barmittel und Sichteinlagen eines Unternehmens[1153].

Zahlungsmittelbestand

Die Summe des jederzeit verfügbaren Geldbestandes von Bankkonten und Kassenbeständen des Unternehmens[1154].

[1152] Vgl. Schaffhauser-Linzatti (2012), S. 146
[1153] Vgl. Colbe et. al (2011), S. 872
[1154] Vgl. Becker et. al (2011), S. 263

Zahlungsunfähigkeit

Mangel an liquiden Mitteln, um die fälligen Zahlungsverpflichtungen des Unternehmens zu erfüllen[1155]. Die Eröffnung des Insolvenzverfahren ist bei Vorliegen von Zahlungsunfähigkeit durch Überschuldung unumgänglich[1156].

Zahlungsziel

Ein vom Lieferanten gewählter, in der Zukunft liegender Zeitpunkt, an dem eine bestehende Verbindlichkeit vom/von (der) Schuldner/in zu begleichen ist[1157].

Zeitwert

Bezeichnung für den Tageswert eines Wirtschaftsgutes zu einem bestimmten Zeitpunkt[1158].

[1155] Vgl. Becker et. al (2011), S. 263, 264
[1156] Vgl. BfDuW (2019a) Zahlungsunfähigkeit
[1157] Vgl. Becker et. al (2011), S. 264
[1158] Vgl. Colbe et. al (2011), S. 873

Zoll

Abgabe für bestimmte Waren, die aus Drittstaaten (nicht EU-Staaten) in das Inland (EU-Staaten) eingeführt werden. Der Zoll stellt somit die Überwachung des internationalen Warenhandels sicher.[1159]

Zinsen

Entgelt für die Überlassung von Geldmittel[1160]. Die Höhe der Zinsen ist abhängig von Dauer, (Verlust-)Risiko und Menge der bereitgestellten Mittel[1161]. In der Regel wird der Zinssatz für ein Jahr (p.a. = per annum) angegeben[1162].

Zufluss-Abfluss-Prinzip

Grundlage, wie die Ermittlung des steuerlichen Gewinns bei der Einnahmen- und Ausgabenrechnung erfolgt[1163]. Das steuerliche Ergebnis wird durch Gegenüberstellung von Einnah-

---

[1159] https://www.usp.gv.at/Portal.Node/usp/public/content/lexikon/426908.html
[1160] vgl. Becker et. al (2011), S. 264
[1161] Vgl. Becker et. al (2011), S. 264
[1162] Vgl. Colbe et. al (2011), S. 874
[1163] Vgl. Denk et. al. (2010), S. 44

men und Ausgaben, bei denen der Geldfluss während des aktuellen Geschäftsjahres stattgefunden hat, berechnet[1164]. Beim Zufluss-Abfluss-Prinzip ist daher der Zahlungszeitpunkt das zentrale Hauptmerkmal.

Zusammenfassende Meldung

Dokument zur Erklärung von innergemeinschaftlichen Lieferungen sowie grenzüberschreitenden Dienstleistungen, bei denen die Steuerschuld auf den/die Leistungsempfänger/in übergeht[1165].

Zuschlagssatz

In Prozent ausgedrückte Zuschlagsbasis, mit dem die Gemeinkosten auf Hauptkostenstellen verrechnet werden[1166].

[1164] Vgl. WKO (2019) Gewinnermittlung für Unternehmer/innen
[1165] Vgl. BfDuW (2019a) Zusammenfassende Meldung
[1166] Vgl. Schaffhauser-Linzatti (2012), S. 71

Zuschreibung

Bezeichnung für die Rückgängigmachung einer bereits durchgeführten außerplanmäßigen Abschreibung[1167]. Zuschreibungen können sowohl im Anlagevermögen als auch im Umlaufvermögen durchgeführt werden und entstehen durch im Nachhinein gemachte Korrekturen aufgrund erkannter, zu hoher außerplanmäßiger Abschreibungen[1168]. Zuschreibungen können maximal bis zur Höhe der fortgeschriebenen Anschaffungs- bzw. Herstellungskosten erfolgen[1169]. Die Verpflichtung zur Wertaufholung besteht immer dann, wenn die Gründe für die Wertminderung weggefallen sind[1170].

Zuschuss (privat)

Ergibt sich aus dem Gesellschafter/innenverhältnis und wird als zusätzliches Eigenkapital beim/bei (der) Empfänger/in behandelt[1171].

[1167] Vgl. Schaffhauser-Linzatti (2012), S. 117
[1168] Vgl. Schaffhauser-Linzatti (2012), S. 117; Vgl. Weber/Weißenberger (2015), S. 93
[1169] Vgl. Schaffhauser-Linzatti (2012), S. 118
[1170] Vgl. Grünberger (2018), S. 69
[1171] Vgl. Becker et. al (2011), S. 266

Zuschuss (öffentlich)

Fließt dem Unternehmen durch die öffentliche Hand aus unterschiedlichen Gründen zu[1172]. Man unterscheidet dabei rückzahlbare und nicht rückzahlbare Zuschüsse.[1173]

Beispiele: Zuschüsse für Anschaffungen oder Herstellungen neuer Investitionen[1174].

Zweifelhafte Forderung

Forderung, bei der unklar ist, ob diese dem Unternehmen überhaupt zufließt und in welcher Höhe diese eingehen wird.[1175]

[1172] Vgl. Becker et. al (2011), S. 266
[1173] Vgl. Becker et. al (2011), S. 266
[1174] Vgl. Becker et. al (2011), S. 266
[1175] Vgl. Urianek (2014), S. 257

Literatur- und Quellenverzeichnis

<u>Gesetze & Richtlinien</u> (Stand: 31.12.2024):

AktG (2023): Aktiengesetz

BAO (2023): Bundesabgabenordnung

BewG (2023): Bewertungsgesetz

FinStrG (2023): Finanzstrafgesetz

RLG (2023): Rechnungslegungsgesetz

UGB (2023): Unternehmensgesetzbuch

UStG (2023): Umsatzsteuergesetz

EStG (2023): Einkommensteuergesetz

Einkommensteuerrichtlinien - Bundesministerium für Finanzen **(BMF) (2023)**

Lohnsteuerrichtlinien - Bundesministerium für Finanzen **(BMF) (2023)**

402

Bücher/Literatur:

Amely, T.; **Krickhahn**, Th. (2013): *BWL für Dummies*. Wiley-VCH Verlag GmbH & Co. KGaA

Auer, K. (2018): *Buchhaltung + Jahresabschluss*. (10. Auflage). Auer & Partner Consulting KG

Becker, W.; **Lutz**, St.; **Back**, Chr. (2011): *Gabler Kompaktlexikon: Modernes Rechnungswesen*. (3. Auflage). Springer Fachmedien Wiesbaden GmbH

Busse von Colbe, W.; **Crasselt**, N.; **Pellens**, B. (2011): *Lexikon des Rechnungswesens: Handbuch der Bilanzierung und Prüfung, der Erlös-, Finanz-, Investitions- und Kostenrechnung*. (5. Auflage). Oldenburg Verlag

Coenenberg, A.; **Haller**, A.; **Mattner**, G; **Schulze**, W. (2012): *Einführung in das Rechnungswesen*. (4. Auflage). Schäffer-Poeschel Verlag

Industrie- u. Handelskammern in NRW (2010): *Praktische Arbeitshilfe Export /Import: Basisinformationen und Hinweise zu Formularen*. (15. Auflage)

Denk, Chr.; **Feldbauer-Durstmüller**, B; **Mitter**, Chr; **Wolfsgruber**, H. (2010): *Externe Unternehmensrechnung*. (4. Auflage). Linde Verlag

Easy Business Training (2009): *Europäischer Wirtschaftsführerschein EBC*L - Stufe B*. (Auflage 2009/10).

Grbenic, St.; **Zunk**, B. (2019): *Buchhaltung Grundlagen*. Linde Verlag

Hilber, K. (2015): *ABC der Steuern im Privat- und Unternehmensbereich. Die wichtigsten Steuern im Überblick mit Anwendungsbeispielen.* Linde Verlag

Kolb, Th. (2018): *Grundwissen Buchführung: Jahresabschluss, Kosten- und Leistungsrechnung.* Kohlhammer Verlag

Lang, St.; **Unger**, P. (2016): *Steuerrecht graphisch dargestellt.* LexisNexis Verlag

Lind-Braucher, S.; **Müller**, C. (2018): *Betriebswirtschaft für Techniker (Teil 2).* Linde Verlag

Neugebauer, A. (2008): *Der einfache Weg zur Bilanz – Buchen und Bilanzieren in der Praxis.* Linde Verlag

Peyerl, H. (2015): *Rechnungswesen und Steuerrecht.* Linde Verlag

Pilz, G. (2013): *Fit für die Bilanzierung.* UVK Verlagsgesellschaft

Possard, M. (2022): *Grundlagen des Rechnungswesens: Einführung in die Buchhaltung. Buchführung, Bilanzierung und Bilanzanalyse.* (7., überarbeitete und aktualisierte Auflage). BoD Verlag

Schaffhauser-Linzatti, M. (2012): *Rechnungswesen Schritt für Schritt.* (2. Auflage). Facultas Verlag

Schneider, D. (2016): *Accounting.* Manz Verlag

Schneider, W.; **Dobrovits**, I.; **Schneider**, D. (2018): *Einführung in die Buchhaltung im Selbststudium.* Facultas Verlag

Urianek, J. (2014): *ABC der Buchhaltung.* (3. Auflage). Linde Verlag

Zschenderlein, O. (2015): *Buchführung 1 – Grundlagen.* NWB Verlag

Weber, J.; **Weißenberger**, B. (2015): *Einführung in das Rechnungswesen.* (9. Auflage). Schäffer-Poeschel Verlag

Amely, T.; **Krickhahn**, Th. (2013): *BWL für Dummies.* Wiley-VCH Verlag GmbH & Co. KGaA

Wöhrer, B.; **Possard**, M. (2024): *Digitale Meldepflichten des Rechnungsempfängers: Sinnvoll(er)es Instrument zur Bekämpfung des VAT GAP? Praktische Herausforderungen und Chancen bei der Realisierung des EU-Kommissionsvorschlags.* In: SWK – Steuer- und Wirtschaftskartei (1-2/2024). Wien: Linde Verlag, S. 26-30

Internetquellen (Stand: 31.12.2024):

A & W Blog (2021): *Ökosoziale Steuerreform.* Online: https://awblog.at/oekosoziale-steuerreform/

Arbeiterkammer Wien (2021): *Familienbonus.* Online: https://wien.arbeiterkammer.at/beratung/steuerundeinkommen/steuertipps/Familienbonus.html

Bundesministerium für Digitalisierung und Wirtschaftsstandort (BfDuW) (2019a): Online: https://www.help.gv.at/Portal.Node/hlpd/public/content/99/begriffslexikon.html

Bundesministerium für Digitalisierung und Wirtschaftsstandort (BfDuW) (2019b): Online: https://www.usp.gv.at/Portal.Node/usp/public/content/themen/alle.html

Bundesministerium für Finanzen (2019): Online: https://www.bmf.gv.at/

Bundesministerium für Finanzen (2021): *Informationen zum Ausfallsbonus.* Online: https://www.bmf.gv.at/public/top-themen/ausfallsbonus.html

Bundesministerium für Finanzen (2021): *Steuern und Brexit.* Online: https://www.bmf.gv.at/public/top-themen/brexit/steuern-brexit.html

Gabler Wirtschaftslexikon (2024): *Diverse Begriffe* (siehe jeweilige Fußzeile). Online: https://wirtschaftslexikon.gabler.de/definition/.........

Land Tirol (2019): *Pflichtbeitrag.* Online: https://www.tirol.gv.at/tourismus/vorschreibung-pflichtbeitraege/

ÖAMTC (2019): *NoVA.* Online: https://www.oeamtc.at/thema/steuern-abgaben/nova-18177294

Rechnungswesen verstehen (2022): *Yield-Management.* Online: https://www.rechnungswesen-verstehen.de/lexikon/yield-management.php

Rechnungswesen verstehen (2022): *Xetra.* Online: https://www.rechnungswesen-verstehen.de/lexikon/xetra.php

Rechnungswesen verstehen (2022): *Quellensteuer.* Online: https://www.rechnungswesen-verstehen.de/lexikon/quellensteuer.php

Rechnungswesen verstehen (2022): *Qualitätsmanagement.* Online: https://www.rechnungswesen-verstehen.de/lexikon/qualitaetsmanagement.php

Tiroler Tageszeitung (2021): *Neue Besteuerung von Kryptowährungen ab 2022.* Online: https://www.tt.com/artikel/30805632/neue-besteuerung-von-kryptowaehrungen-kommt-ab-1-maerz-2022

WKO (2019): *Gewinnermittlung für Unternehmer.* Online: https://www.wko.at/service/steuern/gewinnermittlung-unternehmer.html

WKO (2019): *Vorsteuerabzug für betrieblich genutzte E-Bikes.* Online: https://www.wko.at/service/steuern/gewinnermittlung-unternehmer.html

WKO (2021): *Senkung der Umsatzsteuer auf 5 %.* Online: https://www.wko.at/service/steuern/umsatzsteuersenkung-gastronomie-2020.html

WKO (2021): *FAQ Fixkostenzuschuss, Umsatzersatz und Garantien.* Online: https://www.wko.at/service/faq-corona-hilfs-fonds.html

WKO (2021): *Härtefallfonds.* Online: https://www.wko.at/service/foerderungen/haertefallfonds.html

WKO (2021): *GmbH.* Online: https://www.wko.at/service/wirtschaftsrecht-gewerberecht/Gesellschaft_mit_beschraenkter_Haftung_(GmbH).html

Zeitung „Der Standard" (2021): *Steuerrecht – Steuerreform bringt neuen Investitionsfreibetrag.* Online: https://www.der-standard.at/story/2000131588237/steuerreform-bringt-neuen-investitionsfreibetrag-mit-gruener-note

2019a: Einzellinks zu Bundesministerium für Digitalisierung und Wirtschaftsstandort und Bundesministerium für Finanzen (help.gv.at) – Stand 31.12.2024:

Abgaben

https://www.help.gv.at/Portal.Node/hlpd/public/content/99/Seite.991001.html

Abgabenprüfung

https://www.help.gv.at/Portal.Node/hlpd/public/content/99/Seite.991698.html

Belegpflicht

https://www.help.gv.at/Portal.Node/hlpd/public/content/99/Seite.991673.html

Bescheid

https://www.help.gv.at/Portal.Node/hlpd/public/content/99/Seite.991038.html

Behörde

https://www.help.gv.at/Portal.Node/hlpd/public/content/99/Seite.991033.html

Betriebsfinanzamt	https://www.help.gv.at/Portal.Node/hlpd/public/content/99/Seite.990033.html
Darlehen	https://www.help.gv.at/Portal.Node/hlpd/public/content/99/Seite.991067.html
Doppelbesteuerung	https://www.help.gv.at/Portal.Node/hlpd/public/content/99/Seite.992000.html
Einzelunternehmer/in	https://www.help.gv.at/Portal.Node/hlpd/public/content/99/Seite.991661.html
Einkommenssteuersatz	https://www.help.gv.at/Portal.Node/hlpd/public/content/99/Seite.991701.html
Einkommenssteuer	https://www.help.gv.at/Portal.Node/hlpd/public/content/99/Seite.991646.html

Firmenbuch	https://www.help.gv.at/Portal.Node/hlpd/public/content/99/Seite.9911011.html
Freibetrag	https://www.help.gv.at/Portal.Node/hlpd/public/content/99/Seite.991106.html
Freigrenze	https://www.help.gv.at/Portal.Node/hlpd/public/content/99/Seite.991107.html
Gesellschafts-vertrag	https://www.help.gv.at/Portal.Node/hlpd/public/content/99/Seite.990085.html
Gläubiger/in	https://www.help.gv.at/Portal.Node/hlpd/public/content/99/Seite.991132.html
Zahlungsunfähigkeit	https://www.help.gv.at/Portal.Node/hlpd/public/content/99/Seite.991370.html

Kaufvertrag https://www.help.gv.at/Portal.Node/hlpd/public/content/99/Seite.991420.html

Kilometergeld https://www.bmf.gv.at/presse/pressemeldungen/2024/juli/brunner-entlastung-2025.html

Kaution https://www.help.gv.at/Portal.Node/hlpd/public/content/99/Seite.991162.html

Kommandi-tist/in https://www.help.gv.at/Portal.Node/hlpd/public/content/99/Seite.990067.html

Komplemen-tär/in https://www.help.gv.at/Portal.Node/hlpd/public/content/99/Seite.990066.html

Konzession https://www.help.gv.at/Portal.Node/hlpd/public/content/99/Seite.991170.html

Kapitalertrags-steuer	https://www.help.gv.at/Portal.Node/hlpd/public/content/99/Seite.991650.html
Leasing	https://www.help.gv.at/Portal.Node/hlpd/public/content/99/Seite.991429.html
Lizenz	https://www.help.gv.at/Portal.Node/hlpd/public/content/99/Seite.991188.html
Lohnsteuer	https://www.help.gv.at/Portal.Node/hlpd/public/content/99/Seite.991647.html
Mahnung	https://www.help.gv.at/Portal.Node/hlpd/public/content/99/Seite.991200.html
Miete	https://www.help.gv.at/Portal.Node/hlpd/public/content/99/Seite.991205.html

Mietvertrag   https://www.help.gv.at/Por-
tal.Node/hlpd/public/con-
tent/99/Seite.990075.html

Nettobetrag   https://www.help.gv.at/Por-
tal.Node/hlpd/public/con-
tent/99/Seite.991425.html

Bruttobetrag   https://www.help.gv.at/Por-
tal.Node/hlpd/public/con-
tent/99/Seite.991426.html

Pacht   https://www.help.gv.at/Por-
tal.Node/hlpd/public/con-
tent/99/Seite.991231.html

Patent   https://www.help.gv.at/Por-
tal.Node/hlpd/public/con-
tent/99/Seite.991465.html

Mahnung   https://www.help.gv.at/Por-
tal.Node/hlpd/public/con-
tent/99/Seite.991200.html

Quittung	https://www.help.gv.at/Portal.Node/hlpd/public/content/99/Seite.991255.html
Schuldner	https://www.help.gv.at/Portal.Node/hlpd/public/content/99/Seite.991283.html
Sonderausgaben	https://www.help.gv.at/Portal.Node/hlpd/public/content/99/Seite.991688.html
Vergnügungssteuer	https://www.help.gv.at/Portal.Node/hlpd/public/content/99/Seite.991524.html
Verkehrswert	https://www.help.gv.at/Portal.Node/hlpd/public/content/99/Seite.991659.html
Verzugszinsen	https://www.help.gv.at/Portal.Node/hlpd/public/content/99/Seite.991716.html

Werbungskos-ten	https://www.help.gv.at/Portal.Node/hlpd/public/content/99/Seite.991363.html
Wertpapier	https://www.help.gv.at/Portal.Node/hlpd/public/content/99/Seite.991459.html
Tagesgeld	https://www.help.gv.at/Portal.Node/hlpd/public/content/99/Seite.991437.html
Umsatzsteuer	https://www.help.gv.at/Portal.Node/hlpd/public/content/99/Seite.991497.html
Zusammenfas-sende Meldung	https://www.help.gv.at/Portal.Node/hlpd/public/content/99/Seite.992520.html

2019b: Einzellinks zu Bundesministerium für Digitalisierung und Wirtschaftsstandort (usp.gv.at) – Stand 31.12.2024:

Zuständigkeiten der Finanzämter	https://www.usp.gv.at/Portal.Node/usp/public/content/steuern_und_finanzen/steuern_abgaben_allgemeines/44693.html
Entgelt	https://www.usp.gv.at/Portal.Node/usp/public/content/mitarbeiter/entgelt/Seite.410000.html
Insolvenz	https://www.usp.gv.at/Portal.Node/usp/public/content/uebernahme_aufloesung/insolvenz/Seite.1880110.html
Kaufvertrag	https://www.usp.gv.at/Portal.Node/usp/public/content/lexikon/61382.html
Körperschaftssteuer	https://www.usp.gv.at/Portal.Node/usp/public/content/steuern_und_finanzen/koerperschaftsteuer/40362.html

Abfertigung	https://www.usp.gv.at/Portal.Node/usp /public/content/mitarbeiter/beendigung _arbeitsverhaeltnis/abfertigung/Seite. 230008.html
Abschreibung	https://www.usp.gv.at/Portal.Node/usp /public/content/steuern_und_finanzen/ betriebseinnahmen_und_ausgaben/a bschreibung/40958.html
Umsatzsteuer- voranmeldung	https://www.usp.gv.at/Portal.Node/usp /public/content/steuern_und_finanzen/ umsatzsteuer/umsatzsteuervoranmeld ung/41061.html
Umsatzsteuer- erklärung	https://www.usp.gv.at/Portal.Node/usp /public/content/steuern_und_finanzen/ umsatzsteuer/abgabepflicht_umsatzst euererklaerung/40910.html
Steuersätze der Umsatzsteuer	https://www.usp.gv.at/Portal.Node/usp /public/content/steuern_und_finanzen/ umsatzsteuer/hoehe/40772.html

Anzeigen beim Finanzamt	https://www.usp.gv.at/Portal.Node/usp /public/content/gruendung/gruendung sfahrplan_einzelunternehmen/finanza mt_anzeige/Seite.470105.html
Registrierkas-sen	https://www.usp.gv.at/Portal.Node/usp /public/content/steuern_und_finanzen/ registrierkassen_und_belege/185887. html
Gebühr für Mietverträge	https://www.usp.gv.at/Portal.Node/usp /public/content/steuern_und_finanzen/ weitere_steuern_und_abgaben/45034 .html
Formerforder-nisse einer Rechnung	https://www.usp.gv.at/Portal.Node/usp /public/content/steuern_und_finanzen/ rechnung/formerfordernisse/40791.ht ml

<u>Einzellinks zu Bundesministerium für Finanzen (Stand: 31.12.2024):</u>

Abgabefristen	https://www.bmf.gv.at/steuern/fristen-verfahren/fv-fristen-faelligkeiten.html
FinanzOnline (FON)	https://www.bmf.gv.at/egovern-ment/fon/FON_Ueberblick.html
Werbeabgabe	https://www.bmf.gv.at/steuern/a-z/Werbeabgabe.html
Fristen & Fäl-ligkeiten	https://www.bmf.gv.at/steuern/fristen-verfahren/fv-fristen-faelligkei-ten.html#Entrichtung_von_S_umnis-zuschl_gen
Normver-brauchsabgabe (NoVA)	https://www.bmf.gv.at/steuern/fahr-zeuge/normverbrauchsabgabe.html
Kleinunterneh-merin-nen/Kleinunter-nehmer	https://www.bmf.gv.at/steuern/selbst-staendige-unternehmer/umsatz-steuer/ust-kleinunternehmer.html

Innergemeinschaftlicher Erwerb	https://www.bmf.gv.at/steuern/selbststaendige-unternehmer/umsatzsteuer/ust-umsatze-eu-ausfuhrlieferung.html#Innergemeinschaftlicher_Erwerb
Finanzpolizei	https://www.bmf.gv.at/betrugsbekaempfung/finanzpolizei/finanzpolizei.html

Notizen:

ÜBER DEN AUTOR:

Marlon Possard, geb. 1995, lehrt und forscht als Assistant Professor (PostDoc) und Habilitand am Department für Verwaltung, Wirtschaft, Sicherheit und Politik und am Research Center Administrative Sciences (RCAS) an der FH Campus Wien – University of Applied Sciences. Zudem forscht er am Institut für Digitale Transformation und Künstliche Intelligenz an der Rechtswissenschaftlichen Fakultät der Sigmund-Freud-Privatuniversität Wien.

Seine Lehr- und Forschungsschwerpunkte liegen u. a. in den Bereichen Rechtswissenschaft, Verwaltungswissenschaft und Philosophie. Zwischen 2022 und 2023 war er Präsident des Akademischen Börsenvereines Innsbruck (ABVI). Seit August 2022 ist er Wissenschaftsbotschafter der Agentur für Bildung und Internationalisierung (OeAD) des österreichischen Bundesministeriums für Bildung, Wissenschaft und Forschung.

Weitere Informationen zum Autor finden Sie unter:

https://possard.at

https://personen.fh-campuswien.ac.at/marlon-possard/